推荐序一

唐雪梅园长嘱我为《图解幼儿 STEAM 项目式学习》一书作序，我欣然应允。这不仅因我深知她深耕学前教育的热忱与智慧，更因本书所倡导的"STEAM 项目式学习"理念与我多年来践行的教育主张不谋而合——教育应回归儿童的真实生活，以问题为起点，以探究为路径，以成长为归宿。

STEAM 教育：从"知识传递"到"思维生长"

STEAM 教育的核心在于跨学科整合与解决真实问题。它并非简单的科学实验或手工活动叠加，而是通过儿童感兴趣的议题，引导他们调动多领域经验，在动手操作、合作探究中建构对世界的理解。正如我在幼儿园数学教育研究中反复强调的，"动手操作是儿童抽象思维的起点，实际应用是知识内化的桥梁"。本书中丰富的活动案例，如"荡秋千""光明驱蚊水"，以及"建造光明索道"，无一不体现了这一理念——从儿童的生活中发现兴趣，以项目为载体，让学习自然发生。

书中对"图解"形式的创新运用尤为值得称道。幼儿园教师常困惑于如何将抽象的科学原理转化为儿童可感知的经验，而本书通过直观的流程图、步骤分解图与实景照片，既降低了教师的设计门槛，又为儿童提供了可视化的学习支架。这种"低结构、高开放"的支持方式，恰与我倡导的"看得见儿童，找得到课程"理念不谋而合。

课程建设：在儿童立场与教师专业中寻求平衡

幼儿园课程建设常陷入两极：或过分强调教师主导，以预设目标束缚儿童；或盲目追随儿童兴趣，陷入"为活动而活动"的窠臼。而 STEAM 项目式学习的精髓，正在于平衡二者关系——教师需敏锐捕捉儿童的兴趣点，将其转化为有教育价值的探究主题，并通过递进式提问、资源支持与反思调整，助推深度学习。本书中

"如何让户外器械收纳更方便"与"失物招领站的建设"等案例，生动诠释了教师如何以"靶向式助力"推动儿童从"问题发现"走向"经验建构"。

这种"师幼共构"的课程模式，亦是对传统教学观的突破。我曾多次在教研中提出："教师的专业能力不在于掌控课堂，而在于观察儿童、解读行为、提供支架。"本书的编写逻辑恰恰呼应了这一观点——每一个活动案例均以"儿童的问题—教师的支持—经验的延伸"为主线，既呈现了儿童的学习轨迹，也为教师提供了可迁移的策略工具箱。例如，在"放线机器人"项目中，教师通过"设计—建模—迭代"的循环支架，帮助儿童理解工程思维的核心：从失败中寻找改进的可能。

实践深耕：学习共同体的力量与启示

回溯光明幼儿园的探索历程，其成果绝非偶然。2020 年，该园以"幼儿园 STEAM 项目式学习"成功申报广东省保教示范项目，我有幸成为指导专家，见证了这一团队的创新与坚持。作为"中科创新教育学习共同体"的核心成员，他们始终秉持"实践先行"的理念，在真实的教育现场中积累经验、突破瓶颈。每学期末的全面评估与专家跟踪指导，不仅为教师提供了清晰的成长路径（如专业发展的四阶段模型），更让学习共同体成为资源共享、智慧共生的平台。

正是这种"做中学"的实践精神，让本书的案例充满生命力。无论是小班的"荡秋千"项目，还是大班的"建造光明索道"，每个活动都扎根于儿童的真实问题，以工程设计为主线（第三章），通过"明确需求—设计制作—迭代优化"的完整流程（第三章），展现儿童从直觉经验到系统思维的跨越。书中对"驱动性问题"的剖析（第二章第二节）、"表征形式"的多元支持（第五章），以及"成果展示"的价值挖掘（第四章），既是对理论的高度凝练，亦是对实践的细致注解。

未来教育：从"技术崇拜"到"生命联结"

当下，学前教育领域不乏对新技术、新概念的追逐，但教育的本质始终是人与人的互动、心与心的共鸣。书中"定格·我的彩色童年——如何在紫荆办一场毕业艺术展？"案例令我尤为触动——当教师将毕业季的离别情绪转化为艺术表达的契机，当儿童通过集体创作将成长记忆凝结为色彩与光影的诗篇，教育便超越了技能的传授，成为生命经验的交融与共鸣。STEAM 项目式学习若只重"技"而轻"人"，终将流于形式；唯有扎根于真实生活、关注儿童

主编◎唐雪梅　雷有光

图解幼儿
STEAM
项目式学习

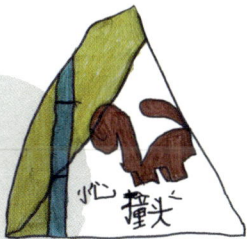

小心 撞头

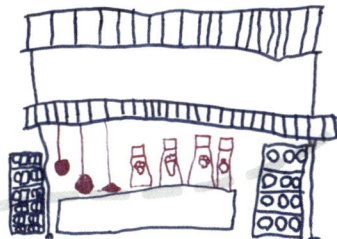

复旦大学
出版社

编委会

主编

唐雪梅　雷有光

副主编

雷　宇　勾慧玥　池秋蓉

参编人员

黄旭丹　林　莉　赵　晴
黄海燕　邓健卿　沈慧欣
李超萍　陈新曲　余诗涵
黄小容

图解幼儿
STEAM
项目式学习

主编介绍

唐雪梅

　　幼儿园正高级教师，广东省特级教师，广东省名教师工作室主持人，珠海市"香山名师"，珠海市博爱幼儿园教学副园长。编著《幼儿园探究课程怎么做》《幼儿园探究活动案例》《中国著名校外美术教育机构精品课程丛书——超乎想象》，致力于教师队伍专业化的成长及幼儿园园本课程的开发和建设。

雷有光

　　博士、副教授，北京师范大学项目学习课题组核心成员，广东省教育学会学前教育专业委员会学术委员、理事，珠海市高新区儿童项目式学习研究中心首席专家，现任职于珠海市城市职业技术学院学前教育系，研究方向为儿童学习与发展、儿童早期项目式学习、儿童STEAM教育、园本课程开发与建设等。

的情感需求，方能唤醒其内在的学习动力。

　　雪梅、有光此书不仅是一本教学指南，更是一份教育理想的真诚传递。它以直观的图解呈现探究的路径，通过项目活动的实践支持儿童的成长。愿每一位翻开本书的幼教同仁，都能从中获得启发——放下对知识结果的执念，与儿童一起，享受过程，不问对错，只问反思。

南京师范大学教育科学学院

南京鹤琴幼儿园

2025 年 5 月

推荐序二

"长大成为科学家"是许多人孩提时代的"梦想",也是很多家长对孩子未来成长的期许。我们何曾想过:其实,"儿童就是科学家"。这是瑞士著名心理学家皮亚杰(Jean Piaget)在研究儿童认识发展过程中对儿童能力发出的惊叹!或许,很多成人会觉得孩子小,他们具有科学家的能力吗?然而,诚如我国著名教育家陶行知先生所言:"人人都说小孩小,谁知人小心不小;你若小看小孩子,便比小孩还要小。"

细读《图解幼儿 STEAM 项目式学习》一书时,皮亚杰、陶行知等名家对儿童的真知灼见,不禁浮现在我的眼前。该书将幼儿对世界的感知、好奇、探究、发现乃至创造的过程,刻画得入木三分;对教师如何高质量与幼儿互动,如何有效支持幼儿的学习与发展,分析得淋漓尽致。开卷有益!品读此书,有酣畅之感。特借此将所悟与各位分享。

一、教育源自生活

"引导幼儿在生活中观察、在生活中发现问题是 STEAM 项目式学习活动中最常见的主题来源。"当我读到书中这段话时,我想,这不就是对幼儿学习特点最好的注释吗?相对于小学阶段儿童对世界的认识,幼儿认识世界有其独特的方式。幼儿对科学的兴趣,对技术的认识,对工程的感受,对数学和艺术的理解,其最主要的源泉就是生活经验。身边的光影、路边的蚂蚁都能引发幼儿探究的兴趣;搭建索道、制作驱蚊水,孩子们乐在其中!《中华人民共和国学前教育法》第五十六条指出:"幼儿园应当以学前儿童的生活为基础。"书本不是幼儿的生活,生活才是幼儿的书本。幼儿园 STEAM 项目式学习活动,之所以能历久弥新,异彩纷呈,也正是因为有了"生活"这一条永不枯竭的源头活水。

二、游戏即是学习

　　"玩"是幼儿园中最主要的活动。汉字中，"䜣"与"玩"同音，其含义便是"最早的学习"。学习首先要幼儿感到"好玩"，即符合幼儿的认知规律，能吸引幼儿主动参与。游戏是幼儿学习的基本方式。"有目的"地玩，便构成了幼儿园的游戏活动。唐雪梅园长和她的团队，用文字、图片、视频等多种方式，在书中呈现了多种游戏活动：孩子们无论是测量车位，还是制作水车，都需操作材料，使用工具，也要与同伴交流、探讨，在实际操作过程中感受成败，或许还要不断调整方案，最终锲而不舍地实现游戏目标。这一过程，似乎没有显性的学习，但经验获得的过程和经验建构重组的过程，便是幼儿的学习。幼儿在 STEAM 项目探究过程中，学会了思考，习得了技能；学会了交流，习得了合作；学到了方法，习得了情感。这，就是幼儿园教育"润物细无声"的过程。

三、全面才能发展

　　当我们提及诸如 STEAM 项目式学习活动中的"科学探究""技术设计"，很容易联想到"智慧"一词！"聪"也常被用于表示智慧。作为会意字，"聪"的本意是听到后做出敏捷反应。当我们将"聪"字分解后，就能感受到"智慧"的基础是感知觉，尤其是听觉和视觉；而其根基是"心"。"心"不仅是指用"脑"思考，作为一个"有心"的人，更是体现为"为他人着想"的品质；"口"即表达能力。《图解幼儿 STEAM 项目式学习》一书，不仅生动描述了幼儿和教师一起亲近自然、实际操作和亲身体验的过程，更重要的是通过"图解"，让我们身临其境般地感受到，幼儿的智慧不只是来自认知能力，其根基是能够"为他人着想"：无论是在游戏活动中耐心听取小伙伴的想法，还是精心完成的"户外休息凳"或再三修改的"产品说明书"，都隐隐透露了孩子们"将别人的需要和感受放在心里"的情怀，也体现了孩子们对美的感知。由此，我深感"德是最高的智慧"。从致力于完成"立德树人"的根本任务，到培养德智体美劳全面发展的幼儿，我想，就是这本书的夙愿！

　　大道至简：用图解让复杂变得简单易懂，让抽象变得形象直观！

　　掩卷之余，也感谢雷有光博士、唐雪梅老师和她的团队用心为学前教育同行和家长们献上的这份精品之作！

华南师范大学教育科学学院

2025 年 5 月

前言：与你一起改变世界

亲爱的读者朋友们，

你们好！欢迎翻开这本《图解幼儿 STEAM 项目式学习》时，我想先问一个问题：你是否曾想过，孩子们小小的双手，也能为这个世界带来大大的改变？无论你是一位幼儿园教师，还是一位教育研究者，抑或是一位关心孩子成长的家长，这本书都将为你打开一扇全新的教育之窗，带你走进一个充满创造力与可能性的世界。

什么是 STEAM 项目式学习？

STEAM 项目式学习，简单来说，就是让孩子们通过动手实践，解决真实的问题。你可能会问："这和我们传统的教育方式有什么不同？"其实，STEAM 不仅仅是科学（Science）、技术（Technology）、工程（Engineering）、艺术（Art）和数学（Mathematics）的简单组合，它是一种全新的学习方式，让孩子们在真实的情境中，通过跨学科的融合，去探索、去创造、去解决问题。

为什么它如此重要？

在当下的学前教育领域，STEAM 项目式学习正逐渐成为热门话题。随着教育理念的不断更新，我们越发意识到，孩子们需要的不仅仅是知识的积累，更是能力的培养。在 AI 时代，STEAM 教育的重要性更加凸显——它不仅培养孩子跨学科解决复杂问题的能力，更通过真实情境的实践，为未来人机协作、技术创新与社会适应力奠定基础。STEAM 教育构建了一个综合性的学习环境，使孩子们在亲身实践中学会思考、合作与创造。对于幼儿来说，这种学习方式尤为重要，因为它能够激发他们的好奇心，培养他们的探索精神，增加他们面对未来未知世界的底气。

你可能会遇到的挑战

在幼儿园中开展 STEAM 项目式学习时，你可能会有这样的困惑：STEAM 项目的主题从哪里来？如何确定一个既能吸引孩子又能引导他们深入探究的问题？在第一章"初识幼儿 STEAM 项目式学习"中，我们为你厘清了 STEAM 教育的核心理念，并提供了从规划到实施的完整框架，帮助你理解"为什么要用项目式学习开展幼儿 STEAM 教育"。进入第二章"探究阶段"，你将发现项目主题的四大来源：共同话题的讨论、突发事件的催化、生活观察的启发以及问题情境的创设。通过这些方法帮助你轻松找到与孩子们生活经验紧密相关的项目主题。你可能会问："如何确定驱动性问题？"驱动性问题是 STEAM 项目式学习的核心，它决定了项目的方向和深度。这一章中，我们还会详细介绍驱动性问题的特点及其产生过程，帮助你在与孩子们的互动中掌握方法，并引导孩子们提出"如何制作光明驱蚊水？"这类真实且富有挑战性的驱动性问题。

你可能会担心："如何支架孩子们在设计和实施中解决问题？"，当你进入第三章"工程设计与实施阶段"中，我们为你提供了详细的指导，帮助孩子们通过设计、建模和迭代等环节，逐步解决问题。例如，在 STEAM 教育理念的指导下，大班的"放线机器人"项目通过程序调试的多次迭代，不仅让孩子们体验到"失败是优化的开始"，还培养了他们的跨学科知识素养和创新能力。在第四章"成果展示与运用阶段"，你将看到孩子们如何通过"建造

光明索道"这样的项目，将成果转化为服务他人的产品；而第五章"幼儿 STEAM 项目式学习中的表征"则为你解答了"如何多元化呈现学习过程"，帮助孩子们用绘画、模型、语言等多种形式进行表达创意。第六章"STEAM 项目式学习环境的创设与运用"则提供了从环境设计到深度探究的策略，比如如何通过"轮胎乐园"激发小班孩子的探索欲望。

最终，第七章"幼儿 STEAM 项目式学习案例"将成为你的灵感库，书中提供了丰富的案例，展示了如何在不同年龄段和不同类型的项目中，支架孩子们的学习过程。例如，小班的孩子们在"荡秋千"项目中，亲手设计秋千结构，从而在实践中逐步领悟了平衡与稳定的微妙之处；中班的孩子们则在"光明驱蚊水"项目中，通过反复实验与配方调整，成功研制出可以使用的驱蚊水；至于大班的孩子们，他们在"放线机器人"项目中，历经多次测试与改良，最终打造出了能够自如旋转的机器人。从小班的趣味探究、中班的配方优化、到大班的工程升级，帮助你在不同教学场景中运用自如。

这本书为什么值得你拥有？

本书的编写始终秉持"儿童立场，回归生活，在真实问题中生

长科学素养"的理念。以儿童立场为原点，从"初识 STEAM"的理论奠基到"案例应用"的实践落地，通过"探究—设计—展示—环境创设—表征"的闭环链路，以生活化真实问题为驱动，层层递进培养科学素养与创新能力。每一章都紧扣实践需求，既提供底层逻辑，又给出具体路径：

• 以问题为切入点，徐徐展开

本书从项目式学习的各个阶段出发，以问题为切入点，逐步展开介绍。比如，在项目的规划阶段，我们探讨了"STEAM 项目主题从哪里来？"；在项目的设计阶段，我们探讨了"如何确定驱动性问题？"；在项目的实施阶段，我们探讨了"如何支架儿童在设计和实施中解决问题？"；在项目的展示阶段，我们探讨了"如何进行有效地表征？"。通过这些问题的探讨，你可以逐步掌握 STEAM 项目式学习的各个环节。

• 以图解为桥梁，层层递进

丰富的活动照片和案例，可以将抽象理念转化为直观场景，帮助读者直观地理解幼儿 STEAM 项目式学习的各个环节。比如，在小班的"荡秋千"项目中，我们通过图解展示了孩子们如何设计和制作秋千；在中班的"光明驱蚊水"项目中，我们通过图解展示了孩子们如何进行实验和调整；在大班的"建造光明索道"项目中，我们通过图解展示了孩子们如何进行模型制作和工程实施。

• 以实践为导向，环环相扣

书中的理论论述、方法讲解与案例呈现始终紧密交织，环环相扣，从"知道"到"做到"，锚定实践目标，步步为营。例如，在"如何支架幼儿的迭代过程"一节中，我们不仅介绍了迭代的理论基础和具体的方法，还通过大班的"放线机器人"案例，展示了如何在实际操作中引导孩子们进行迭代。这些理论、方法和实践的结合，将为你提供极具操作性的指导。

• 以案例为镜，全面覆盖

本书提供了丰富的案例参考，从小班的生活探索到大班的工程升级，涵盖了不同的项目类型。比如，在小班的"好玩的轮胎"项目中，我们展示了如何通过轮胎的多种玩法，激发孩子们的探究欲望；在中班的"甜甜圈奇遇记"项目中，我们展示了如何通过实验和调整，帮助孩子们找到制作甜甜圈的最佳方法；在大班的"定格·我的彩色童年"项目中，我们展示了如何通过艺术展，帮助孩子们表达自己的想法和创意。每个案例均提供驱动性问题、实施步骤与反思支架，让你即学即用。

　　STEAM 项目式学习的最终目标，不仅仅是让孩子们掌握知识和技能，更重要的是培养他们的创新精神和社会责任感。在 STEAM 项目式学习中，孩子们通过自己的努力，创造出能够服务他人的产品。比如，他们可能会制作出驱蚊水，帮助大家远离蚊虫的困扰；或者建造一个索道，为幼儿园的同伴们带来欢笑。这些看似微小的项目，不仅让孩子们感受到了自己的力量，更让他们认识到，凭借自己的努力，能够为生活增添乐趣与美好。

　　亲爱的读者朋友们，当你合上这本书时，我希望你能感受到，教育不仅仅是传授，更是唤醒，是点燃，是让孩子们相信自己有能力改变世界。而你，正是那个陪伴他们一起改变世界的人。

2025 年 3 月

目 录

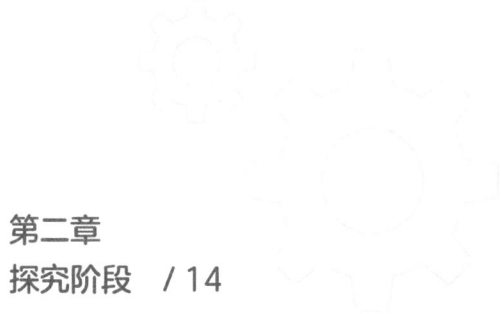

第七章
幼儿 STEAM 项目式学习活动案例　/ 142

扫码阅读　/ 216

后记　/ 217

第一章　初识幼儿 STEAM 项目式学习

　　顾名思义,幼儿"STEAM 项目式学习"包含两个重要的关键词："STEAM"和"项目式学习"（Project Based Learning，简称 PBL 项目式学习）。教师们对 STEAM 一定很熟悉，那么什么是幼儿的项目式学习呢？在众多的方式方法中，我们为什么要选择用"项目"的方式开展 STEAM 教育，又如何开展呢？这是本章中我们要和教师们一起探讨和解决的关键问题。

第一节　什么是幼儿 STEAM 项目式学习

　　幼儿 STEAM 项目式学习是指通过项目式学习的方式，实现 STEAM 教育对幼儿的发展价值与功能。本章将从概念和内涵的角度出发，帮助教师们认识"STEAM"与"项目式学习"，进而理解并把握二者之间的内在逻辑关系。

图 1-1-1　幼儿园 STEAM 项目式学习展（局部）

一 什么是幼儿 STEAM 项目式学习

（一）什么是项目式学习

项目式学习也称项目制学习、项目化学习，简称为项目式学习。专家学者们从不同角度对项目式学习的内涵和外延进行了多种解释。其中，影响力最大的是美国巴克教育研究所（Buck Institute For Education，PBL works）。自 20 世纪 60 年代起，该研究所便致力于项目式学习的研究与实践。他们认为，对于幼儿而言，项目式学习是一种重要的学习方式。幼儿通过探究去解决真实、有趣且复杂的问题，在此过程中学习知识并掌握技能，最终通过真实的项目成果来展示他们对知识和技能的掌握程度。

巴克教育研究所将项目式学习的要素归纳为八个方面：学习目标、挑战性问题或主题、持续的研究（探究）、真实性、学生（儿童）的意见和选择、反思、批判和修正、公共产品。尽管对项目式学习的内涵存在不同观点，但核心内容基本一致，主要包括以下几点。

✔ 项目式学习以驱动性问题为核心开展学习活动。这些驱动性问题源于幼儿真实的生活场景，能够激发幼儿的兴趣并符合其解决问题的意愿，同时具备挑战性和开放性。幼儿对驱动性问题的探究和解决过程应是持续且深入的。

✔ 项目式学习注重对知识和经验的理解、迁移及应用。在解决问题时，幼儿不仅要掌握解决方法，理解其背后的原因，还要能够灵活运用所学经验，以应对新的挑战。

✔ 项目式学习关注幼儿高阶思维的培养。驱动性问题为幼儿创造了具有高阶思维的学习情境，幼儿需要调动和运用分析、推理、决策、创造等高阶认知策略才能完成项目任务和产品。

✔ 项目式学习还强调将幼儿的学习过程和成果转化为具体产品。通过持续地回顾、反思、调整与优化，不断对产品进行升级迭代，深化幼儿对自我学习的认识。

总之，幼儿的项目式学习是通过开展项目的方式进行的。驱动性问题构成了项目的核心，幼儿对驱动性问题的解决过程就是项目开展的过程。项目式学习并非单纯地解决问题，而是在解决问题的过程中实现了幼儿的"学"与教师的"支架"之间的双向互动，这是一种基于问题解决的学习方式和关系的转变。

图 1-1-2 "我们的毕业展"现场导览图

例如，在大班的 STEAM 项目式学习活动中，幼儿围绕"如何策划一场精彩的毕业展"这一驱动性问题展开深入探究。在实际解决问题的过程中，幼儿不仅掌握了布展规划、作品准备等实践技能，更在合作探究中深刻理解了空间布局、视觉呈现与观众体验之间的内在联系。他们灵活迁移运用跨学科知识，在方案设计、材料选择与展区优化等环节中，展现出批判性思维、创造性解决问题等高阶思维能力。最终，幼儿以富有创意的毕业作品展形式，完

整呈现了项目学习成果，充分体现了以观众需求为导向的产品意识与团队协作下的项目执行力。

图 1-1-3 "我们的毕业展"现场
（左上：我眼中的幼儿园，右上：我的自画像，左下：寄给未来的信，右下：我的成长故事）

（二）什么是 STEAM 项目式学习

我们通常从两个方面来认识幼儿的 STEAM 项目式学习：首先，STEAM 教育是分领域的（中小学称为"学科"），科学、技术、工程、艺术和数学构成了 STEAM 教育的五个领域，即 STEAM 教

育一定涉及幼儿对各领域经验和技能的学习；其次，STEAM 教育是整合的，"整合性"是 STEAM 教育的本质特征，即幼儿的 STEAM 项目式学习不是五个领域的简单叠加，而是要在过程、方法、经验等多个层面实现有机的"整体性学习"。还需要注意的是，"整合性"并不意味着每个学习活动都必须包含五个领域，幼儿在学习中同时涉及两个或两个以上的领域，也属于 STEAM 项目式学习。

仅仅从以上两个方面把握 STEAM 项目式学习还是不够的，我们还必须从每个领域的内涵及其相互之间的关系来认识幼儿的 STEAM 项目式学习（如表 1-1-1）。

表 1-1-1　幼儿 STEAM 项目式学习中"领域"的基本含义

领域	基本含义
科学（Science）	是关于"是什么？""为什么？"的事实和基本概念，以及在探索和发现中涉及的过程与方法
技术（Technology）	是关于"做什么？"和"如何做？"的方法和技巧，以及在"做"的过程中涉及的工具、材料和产品
工程（Engineering）	是关于"如何解决问题？"的过程和方法，涉及运用科学、数学的经验、技术进行问题解决的设计、实施和产品制作
艺术（Arts）	是关于"如何艺术化地表达解决问题的过程和结果？"，是审美情趣、创造性和想象力的集中体现
数学（Mathematics）	用数学的思维和语言描述"世界是什么样的？"，通过用数、量、形等对身边的现象及关系进行量化和预测，支撑着以上四个领域并运用于其中

如表 1-1-1 所示，首先，"科学"是 STEAM 项目式学习的基础。其本质是"探究"，幼儿天生充满好奇，好问不倦。他们通过不断探究自然与生活中的种种问题，积累了丰富的经验。

其次，"工程"是 STEAM 项目式学习的核心。这是因为工程往往需要通过设计和建造（制作）一种人造产物（我们称之为产品）来解决一个真实的问题。在这个过程中，需要综合运用所有相关学科（领域）的知识和经验。以桥梁工程师的工作为例，他们通过建造各种各样的桥梁（产品），解决了不同的交通和运输问题。一座桥梁的设计与建造，需融合力学、环境科学、地理科学、工程学、材料科学及设计学等多领域知识，彰显了工程跨领域、跨学科的本质特性。因此，STEAM 教育"整合性"的本质特征是通过"工程"来实现的。

最后，无论是科学还是工程，都是以问题和问题解决为导向的。正是问题和问题解决的过程，实现了 STEAM 五个要素的融合。对幼儿来说，我们更强调 STEAM 项目式学习要聚焦生活中的真实问题，因为这能够真正激发幼儿的兴趣和内驱力，是幼儿 STEAM 项目式学习的起点。

可以看出，在幼儿的 STEAM 项目式学习中，要以科学探究为基础，在探究活动中不断充实幼儿各领域的知识与经验；以工程为核心，借助工程设计搭建幼儿整合性学习的桥梁；同时，围绕问题和问题的解决展开，促使幼儿在解决问题的过程中，将科学、数学、艺术、技术的经验相互融合、彼此贯通。这三方面构成了幼儿 STEAM 项目式学习内涵的基本要素。

例如，在中班幼儿的 STEAM 项目式学习活动"滤水器"中，幼儿观察不同的过滤材料（纱布、海绵、活性炭等）的孔隙特征，提出"哪种材料过滤效果最好"的科学猜想。在工程实践环节，幼儿分组合作设计多层滤水装置，通过反复测试调整材料的叠放顺序，记录每次过滤后水质的直观变化。当遇到水流过慢或过滤效果不佳时，他们通过更换材料、增减过滤层等方式持续优化装置，最终在解决问题的过程中建构起"物理过滤"的核心经验，同时发展工程设计思维与团队协作能力。

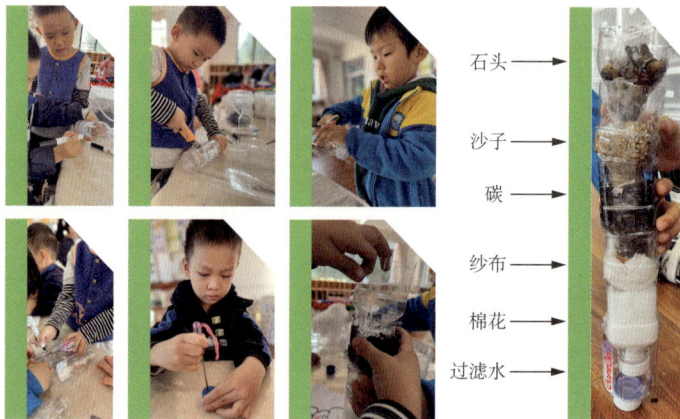

图 1-1-4   反复试制滤水器

石头

沙子

碳

纱布

棉花

过滤水

二   为什么要用项目式学习开展幼儿 STEAM 教育

作为一种发展幼儿整合性学习经验的教育理念和教育模式，STEAM 教育在幼儿园落地的关键在于解决如何开展和实施的问题。在各地的探索和实践中，出现了主题式的 STEAM 活动、运用 5E 或 6E 模式的 STEAM 活动、以制作和建造为主的 STEAM 活动等，这些活动形式各有特点和优势。那么，在众多的方式方法中，我们为什么要选择用项目式学习开展 STEAM 活动呢？经过实践检验，我们认为最重要的原因有以下三点：

图 1-1-5　"我们的毕业展"设计制作（组图）

首先，项目式学习能够更好地帮助教师实现"学"与"教"关系的转变。作为一种学习方式，项目式学习关注幼儿学习的主动性和内驱力，强调幼儿解决问题的自主性和创造性，始终把幼儿的学习置于首要位置。教师的作用不再是"教导"或"给予"，而是在不断跟踪、观察和研究幼儿学习的过程中，给予幼儿充分的支持。项目式学习还强调教师和幼儿"一起"研究问题、"一起"推进项目，通过创建项目共同体的方式，实现教师和幼儿的平等参与和协商合作。项目式学习充分尊重幼儿作为解决问题者和项目实施者的主体性和差异性，帮助教师真正成为幼儿学习的支持者、合作者和引导者。

其次，项目式学习在实践内涵上特别强调真实学习和深度学习，能够更好地实现 STEAM 跨领域整合性学习的价值和功能。真实学习是基于真实生活并面向真实世界的学习，注重幼儿在解决与自己现实生活密切相关的问题中，建立起知识经验与真实世界的联系。因此，真实学习强调要有真实的情境、真实的问题和真实的产品，这是幼儿 STEAM 项目式学习的前提和基础。深度学习是一种指向理解的学习，其本质是促进和实现学习者经验能力的迁移运用。幼儿在 STEAM 活动中的探究、计划、设计、建模、优化等都需要深层次认知活动的参与。换言之，没有深度学习就难以实现真正的整合，因此深度学习是幼儿 STEAM 项目式学习的内在要求和重要保障。

最后，项目式学习通过"做项目"的方式，为幼儿 STEAM 项目式学习提供了一个清晰的实施框架和路径。围绕驱动性问题的产生和解决过程，项目式学习的一般过程分为启动项目、制定计划、实施项目、管理项目、结束项目五个步骤，每个步骤都有不同的任务，能够很好地与 STEAM 各个要素进行融合，充分推动幼儿各个领域学习目标的实现和整合性学习经验的发展。

我们之所以将"STEAM+项目式学习"的结合称为"STEAM 项目式学习"，而不是 STEAM 项目教学或 STEAM 项目活动，主要原因在于我们重视通过项目式学习推动教师在开展 STEAM 活动时，从关注自己的"教"逐步转向关注幼儿的"学"。在此基础上，更好地开展研究为幼儿的 STEAM 经验和技能发展提供支持，同时结合项目式学

图 1-1-6 "我们的毕业展"一角

习的实践内涵特征和过程框架，为幼儿规划和设计有意义的学习历程。

第二节　如何规划和设计幼儿 STEAM 项目式学习

在上一节中，我们主要从概念和内涵的角度帮助教师们理解幼儿的 STEAM 项目式学习，那么在具体的操作环节，又是如何开展和实施的呢？在实践过程中，我们不断探索将 STEAM 的教育理念和项目式学习的过程方法进行融合，逐渐形成了幼儿 STEAM 项目式学习的三大阶段和实践要素。

一　幼儿 STEAM 项目式学习的阶段

（一）幼儿 STEAM 项目式学习阶段划分的依据

在开展幼儿 STEAM 项目式学习活动时，我们主要从以下三个方面进行思考和设计。

一是要遵循幼儿解决问题的一般过程。无论是 STEAM 的工程设计还是项目式学习的驱动性问题，都强调幼儿要通过解决真实生活情境中的问题展开学习。因此，幼儿 STEAM 项目式学习要以"发现问题——探究问题——解决问题——回顾问题"为线索，通过问题解决

将 STEAM 的整合性学习特征和项目式学习的深度学习特征进行融合。

二是要符合幼儿 STEAM 项目式学习的基本规律。以问题为起点、以探究发展经验、以工程整合经验是幼儿 STEAM 项目式学习的基本规律。由于幼儿的认知水平和经验有限，他们对感兴趣和要解决的问题往往缺乏经验。因此，要把科学作为幼儿学习的基础，把探究作为学习 STEAM 的基本方法，特别重视通过探究为幼儿铺垫和积累其他领域的经验。同时，工程设计是 STEAM 的核心，是集中体现幼儿整合性学习的关键，因此要开展丰富的工程活动，帮助幼儿综合运用其他领域的经验解决问题。幼儿 STEAM 项目式学习以科学探究为基础，以工程设计为核心，从本质上反映了幼儿在学习中经验发展的基本规律。

三是要以项目式学习承载和实现 STEAM 的教育价值和功能。如前文所述，项目式学习是幼儿的一种学习方式。在实践中，STEAM 的领域经验、整合性学习、独立思考、创造性思维、合作协作、人文关怀等教育价值，通过项目式学习的问题驱动、深度探究、产品制作、成果展示等过程和方法得以实现，充分体现了 STEAM 和项目式学习的双重育人功能。

（二）幼儿 STEAM 项目式学习的阶段内容

基于以上几点，我们将幼儿 STEAM 项目式学习主要划分为三大阶段（如图 1-2-1）。

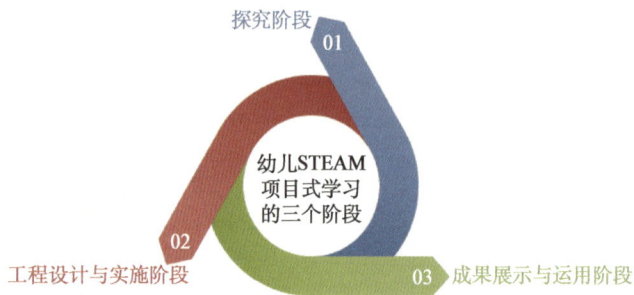

图 1-2-1　幼儿 STEAM 项目式学习的三个阶段

探究阶段：STEAM 项目式学习的起始和基础阶段，是产生和确定驱动性问题，同时也是围绕驱动性问题展开探究的阶段。这一阶段的主要任务是围绕幼儿的兴趣和问题开展各种探究活动，通过探究发展幼儿各领域的经验。

工程设计与实施阶段：STEAM 项目式学习的核心阶段。根据要解决的问题及相关任务、目标，引导幼儿开展设计、制作、建模、测试、验证等多种活动。在工程设计的过程中，幼儿将学会对科学、技术、数学、艺术等多个领域经验的迁移和运用。

成果展示与运用阶段：STEAM 项目式学习的结束阶段。教师和幼儿回顾和总结问题解决的过程，一起商量和探讨如何展示和呈现学习的过程和成果。幼儿可以通过回顾反思和展示运用，进一步加深对自己解决问题的认识和体验。

图 1-2-2　探究阶段是幼儿 STEAM 项目式学习的初始阶段

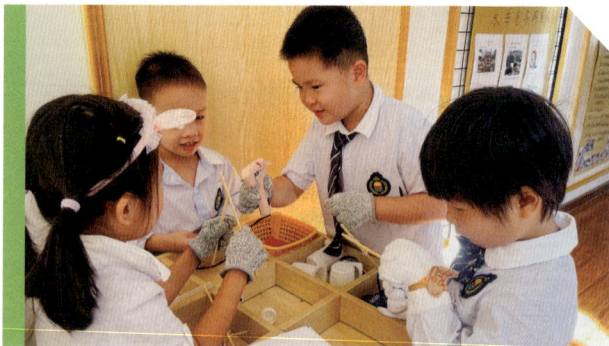

图 1-2-3　工程设计与实施阶段是幼儿 STEAM 项目式学习的核心阶段

图 1-2-4　成果展示与运用阶段是幼儿 STEAM 项目式学习的结束
阶段

二　如何把握每个阶段的实践要素

　　STEAM 项目式学习的三个阶段为幼儿的问题解决和整合性学习经验的发展规划了学习路径，但每个阶段的实践要素有所不同。也就是说，教师在组织和开展每个阶段的学习时，应围绕该阶段的实践要素展开，这样才能保证每个阶段幼儿学习的质量和效果。

　　为了帮助教师清晰、明了地把握和理解这三个阶段的情况，我们对每个阶段应重点关注的实践要素和基本含义进行了梳理，如表 1-2-1。

表 1-2-1　幼儿 STEAM 项目式学习的实践要素

主要阶段	实践要素	基本含义
探究阶段	来源	通过不同的来源帮助教师识别、判断儿童的兴趣和问题，确定项目的主题内容
	问题	通过探究发现和发展幼儿的问题，并最终和幼儿确定共同要解决的驱动性问题
	经验	与幼儿共同将驱动性问题拆解为若干子问题，围绕这些子问题展开深入且持续的探究，以此充分拓展幼儿的经验，并为下一阶段的学习做好经验准备
工程设计和实施阶段	设计	发展幼儿的设计思维，学会画设计图，并能根据实际情况不断优化调整设计
	建模	通过建造和制作模型模拟问题的解决，在测试和验证中不断改进模型
	工具材料	使用各种材料解决问题，在探索和尝试中发现工具的作用和材料的性质，以及在问题解决中的差异
	迭代	通过回顾和反思对学习的结果和产品不断进行改进和优化，使其更加符合实际需求
成果展示与运用阶段	对象与形式	面向不同对象、运用不同形式展示呈现幼儿解决问题的过程和方法，帮助幼儿获得成就感
	产品与应用	通过运用在解决问题过程中产生的产品，发展幼儿的同理心、换位思考，培养幼儿为他人服务的意识和能力

图 1-2-5　通过不断测试和验证改进模型

　　在后续章节中，我们会借助大量实践案例，对每个阶段的实践要素进行详细阐述与生动呈现。教师们可以参照这些案例，结合自身开展活动的实际情况，对相关要素进行尝试与运用，相信会有意想不到的收获。

第二章　探究阶段

第一节　来源：发现 STEAM 项目式学习活动的主题

　　在探究阶段，教师首先需要明确 STEAM 项目式学习活动的主题。我们强调"发现"，因为只有幼儿真正感兴趣、渴望解答的问题，才有可能成为 STEAM 项目式学习活动的主题，这就需要教师和幼儿携手共探。另一方面，通过和幼儿一起"发现"，教师会逐步转变自己的立场和视角，真正走进幼儿的生活，学会用幼儿的眼光看世界，找到适宜幼儿学习的主题。

　　通常来说，STEAM 项目式学习的内容都基于幼儿熟悉的日常生活，探索的过程是幼儿亲身体验、直接感知的过程。正如陶行知先生所说"生活即教育"，因此教师应充分挖掘日常生活中的教育时机来选择项目活动的主题。

　　项目主题一般有四个来源：一是紧密联系幼儿生活的设计；二是基于幼儿的兴趣和问题；三是教师对幼儿日常生活、兴趣爱好和

共同话题的讨论；
突发事件的催化；
观察生活的引发；
问题情境的创设。

图 2-1-1　主题：光的游戏

年龄特点的观察与分析；四是确保主题内容既具有教育价值又贴近幼儿的实际生活。

一　共同话题的讨论

共同话题往往会引发幼儿的热烈讨论，他们会争先恐后地讲述自己与话题相关的内容。话题的发起者既可以是教师，也可以是幼儿。例如，可以鼓励幼儿积极分享他们在暑期旅行中的见闻，比如那些令人难忘的地方、令人垂涎欲滴的美食、引人入胜的故事，以及奇特的动物和植物等；同样，也欢迎幼儿主动讲述自己的一段独特经历或趣事，与大家一起回味。

> 例如：小班的"制作秋千"这一 STEAM 项目式学习活动，其主题来源于班级每周一的讨论分享活动。这个话题是由小朋友们发起的——"你喜欢珠海的哪个公园，喜欢公园的什么？"在围绕公园话题的热烈讨论中，大家聊到了荡秋千，有共同经历和爱好的小朋友都纷纷加入讨论：
>
> "我喜欢玩秋千，它可以荡得很高。"
>
> "我们小区也有秋千，可以两个人一起玩。"

共同话题讨论本质是在积极的表达中发现幼儿的共同经历、共同经验并发展幼儿的共同兴趣。

图 2-1-2　制作秋千

"我们楼下的秋千要排队。"

"幼儿园要是有秋千就好了。"

"那我们就可以天天玩了。"

……

在引导幼儿进行共同话题的讨论时，我们需要特别注意以下几点：

✔　讨论的话题应围绕幼儿有共同经历且能引发共鸣的内容；

✔　在讨论过程中，教师应努力营造宽松民主的氛围，鼓励幼儿大胆表达自己的想法。同时，在幼儿乐于分享、敢于表达时，教师要敏锐地捕捉并发展他们的共同经历和兴趣；

✔　此外，教师要善于倾听并巧妙提问，通过恰当的提问将幼儿的讨论引向更深层次，从而提炼共同经验，产生新的问题。

例如：大班 STEAM 项目式学习活动"建桥"就来源于在分享暑假经历的讨论中。小朋友们纷纷讲述自己游玩过的不同地方。如果教师的关注点仅在"地点"或"游玩"，由于每个小朋友去的地方不同、经历不同，就难以引发小朋友的共鸣，话题也很难持续下去。但如果教师关注到，虽然小朋友去的地方不同，但大家都乘坐过交通工具，都经过了不同的路和桥，那么通过提问："你是怎么到那么远的地方的？""你们一路上看到过什么样的桥？"交通工具、路、桥就有可能发展成为小朋友的共同讨论问题，进而发展成项目主题。

二　突发事件的催化

突发事件是指意料之外或计划之外的事件，其特点在于时效性强、影响大，能够激发幼儿浓厚的探究兴趣。这些事件可能来自自然界，例如教室里突然飞进一只蝴蝶、回南天、台风等；可能涉及周边安全，比如幼儿失踪、溺水或传染病的流行等；也可能来自社会热点，像奥运会、卫星发射等。

例如：大班的"如何让树屋变得更安全"这一 STEAM 项目式学习活动，其来源是小朋友们在玩游戏时突发的安全事件。幼儿园里有一棵 40 多年的大榕树，树上有一个高高的树屋，小朋友们都非常喜欢去那里玩。有一天，泽一在攀爬树屋时不小心撞到了头，起了一个大包。

图 2-1-3　新建的树屋

这个突发事件引发了大家对树屋安全问题的热烈讨论：树屋小门的树干有点低，很容易撞到头；楼梯的缝隙有点大，容易卡住脚；荡桥虽然很好玩，但感觉有点晃……小朋友们纷纷说起了树屋存在的安全隐患。教师的提问"有什么好办法解决这些问题吗？"更是激发了小朋友们深入地思考和讨论。

于是，"如何让树屋变得更安全"这一STEAM项目式学习活动由此产生。

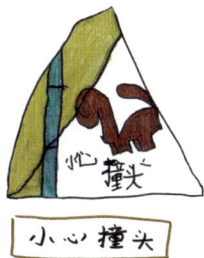

图2-1-4　树屋安全
标志——小心撞头

图2-1-5　树屋安全标
志——小心坠落

突发事件发生后，教师需要对事件的教育价值及幼儿的兴趣度进行判断和预测，以决定是否继续引导幼儿关注该事件。如果没有教师的支持和引导，幼儿对突发事件的关注在短暂持续后往往会逐渐消退。

教师在选择突发事件时应注意以下三点：

✓　选择具有一定教育与社会价值的内容；
✓　选择能支持幼儿开展项目学习的内容；
✓　选择有助于培养幼儿安全意识、积极生活态度与习惯的内容。

三　生活观察的引发

引导幼儿在生活中观察、在生活中发现问题，是STEAM项目式学习活动中最常见的主题来源，这恰恰彰显了STEAM项目式学习活动"真实性学习"的精髓。它聚焦于幼儿生活中的实际问题，以此激发幼儿探索与实践的兴趣。

在一日生活中，幼儿会发现并遇到许多问题。当教师鼓励幼儿大胆探索、勇于尝试时，一个个项目主题就会自然产生。

例如：大班的"失物招领站"这一STEAM项目式学习活动。小朋友们发现，在幼儿园里，经常会捡到一些遗失的物品，比如衣服、汗巾、水壶等，但这些物品却找不到它们的主人。于是，小朋友们结合"管理处"和"商场广播站"的经验，决定在幼儿园里设立一个"失物招领站"。

图 2-1-6 失物招领站设计图

例如：中班的"沥水架设计"这一 STEAM 项目式学习活动。小朋友们观察到教师在清洗擦拭水果碟时，发现洗过的果碟需要擦拭干后才能放进消毒柜。于是，小朋友们提出了疑问："碟子不擦它们会自己干吗？怎么样让碟子自己变干呢？"教师带领小朋友们围绕"让碟子自己变干"的问题展开讨论，由此，"沥水架制作"的项目主题活动就产生了。

图 2-1-7 沥水架设计稿

例如：大班的"图书角设计"这一 STEAM 项目式学习活动。小朋友们发现，自己班级的图书角没有阳光且非常拥挤，不适合阅读。于是，几个小朋友向教师提出了"能不能换个图书角"的问题。大家经过讨论，最终决定启动"图书角改造"的项目。

设计内容：书柜×19、电脑、窗户×5、垃圾桶、消毒灯、灯、标志、图书

图 2-1-8 图书角设计图

例如：大班的"植物标志牌"这一 STEAM 项目式学习活动。小朋友们虽然对幼儿园植物的外形了如指掌，却很少思考这些植物的名字、特性、种植时间、种植缘由以及如何向他人介绍它们。教师可以通过这些问题引发幼儿对植物的观察和思考，从而产生"幼儿园植物标志牌"这一项目主题。

图 2-1-9　观察植物

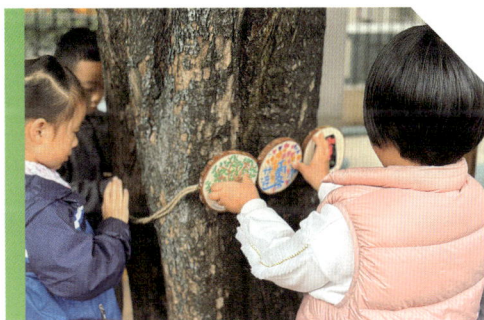

图 2-1-10　测量大树

学习活动的潜质，但幼儿可能并未注意到。这就需要教师引导幼儿去发现身边的问题。

教师要学会：

✔　善于发现幼儿的观察和兴趣点；

✔　倾听幼儿的谈话内容；

✔　关注幼儿喜欢或好奇的物品；

✔　有意识地进行设问和追问。

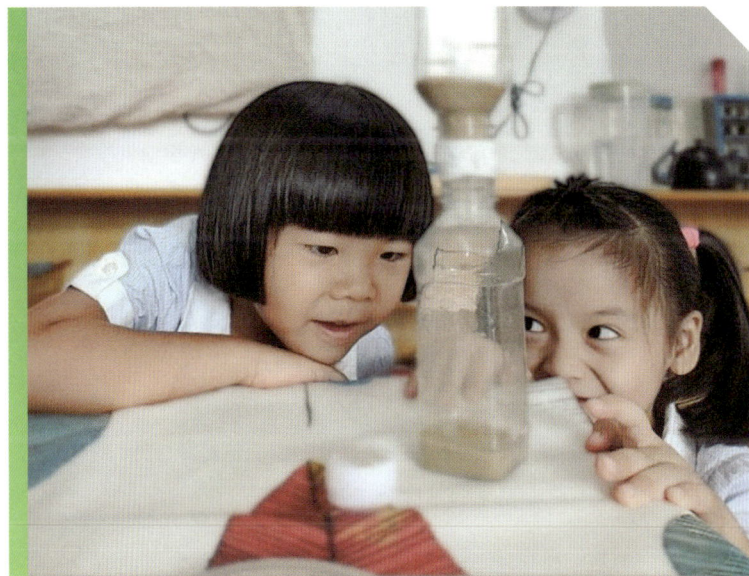

图 2-1-11　观察沙漏

幼儿观察生活，教师观察幼儿，这样才能共同解决发现生活中的真实问题。

在幼儿的生活中，有些现象和问题具有发展成 STEAM 项目式

四　问题情境的创设

问题情境创设引发的主题与其他三种主题来源的区别在于，它更强调教师对主题和项目式学习活动的设计。教师通过精心创设的情境来激发幼儿的兴趣和好奇心，再通过问题引导和经验铺垫，可以逐步产生项目主题。

例如：中班的"光影游戏"这一 STEAM 项目式学习活动，其来源是教师通过创设问题情境"白天如何玩影子游戏？"而引发的。小朋友们分享和讨论了晚上在家里玩的光影游戏，表现出对光影游戏的浓厚兴趣。

图 2-1-12　不同的影子

那么，如何在光影游戏的基础上将小朋友们的兴趣引导到"光影小屋"呢？教师设计了问题情境"白天可以玩光影游戏吗？"，并提供了准备好的工具和材料，让小朋友们进行探索。

图 2-1-13
活动室里阳光下的影子

图 2-1-14
太阳下的影子

在尝试了各种方法后，小朋友们发现白天的影子色彩和形状不够清晰。于是，教师提出了问题："有什么办法能在白天玩光影游戏呢？"小朋友们纷纷提出了自己的想法。经过师幼共同讨论和验证，小朋友们发现通过"建造光影小屋"可以解决这个问题，于是"光影小屋"的主题便产生了。

图 2-1-15　光影小屋

图 2-1-16　光影游戏

光和影一直是幼儿喜爱的游戏内容之一。基于幼儿的兴趣，教师经过审议后认为可以在游戏的基础上继续推动幼儿去研究影子的产生和各种变化。通过广泛的资料查阅和深入讨论，教师一致认为"光影小屋"项目不仅涵盖了光的传播这一科学原理，还融入了设计、建造、反思与优化等多元化的 STEAM 元素，同时兼具游戏的趣味性，是一个出色的项目主题。

在该项目中，幼儿面对具体的问题情境，不仅需要研究光的传播、影子的形成与变化、不同材料对光影的影响，还需要研究如何设计和建造小屋、如何让小屋有更好的光影效果以及如何运用不同光源产生新的游戏玩法等等，蕴含丰富的 STEAM 元素和教育价值。

创设能激发幼儿兴趣的问题情境，是指幼儿在环境中可以通过观察去发现问题，产生兴趣，并在情境中分析问题，从而产生解决问题的学习动机和项目主题。

好的问题情境创设是建立在对幼儿兴趣的了解和观察基础之上的。教师需要对项目的主题和发展进行充分的思考和准备，才能通过"情境创设"和"问题引导"，引导幼儿逐步明确主题方向和所需要解决的问题。

一个好的问题情境设计应充分考虑以下三个因素：

✓　情境要与幼儿的生活经验紧密联系；

✓　问题要能够充分激发幼儿的好奇心；

✓　问题的解决要包含丰富的 STEAM 元素。

好的问题情境创设需要有：幼儿的兴趣和教师的思考。

图 2-1-17　不同的影子

第二节　问题：和幼儿一起讨论和确定驱动性问题

主题为教师确定了 STEAM 项目式学习活动的范围，但在这一框架内存在许多可研究的内容和问题。那么，该如何确定具体要解决什么问题呢？我们将幼儿最感兴趣、最想研究的问题称为驱动性问题。之所以称之为"驱动性问题"，是因为它包含多个紧密相关的子问题（小问题），并且能够激发幼儿进行深入、持久的探究，从而引发一系列学习行为和学习活动。

一　驱动性问题的特点

我们可以从以下几方面把握驱动性问题的特点。

1. 驱动性问题是"大"问题

例如：小班的"如何在班级门口铺一条石子路"这一 STEAM 项目式学习活动，围绕"如何铺路"这一驱动性问题，小朋友们既要解决铺路前需要做哪些准备，又要解决铺路过程中会遇到的一系列工程问题。只有解决这些问题，才能最终解决最初提出的问题。因为这个最初的问题是由多个相互关联、层层递进的小问题构成的"大问题"。

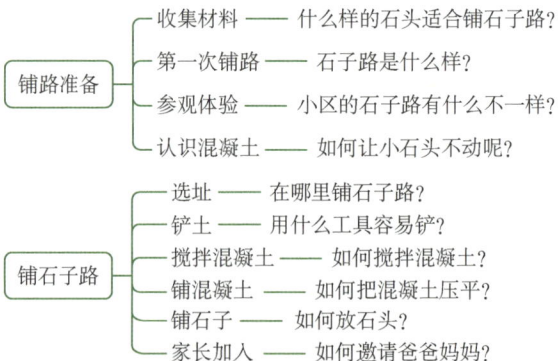

铺路准备
- 收集材料 —— 什么样的石头适合铺石子路？
- 第一次铺路 —— 石子路是什么样？
- 参观体验 —— 小区的石子路有什么不一样？
- 认识混凝土 —— 如何让小石头不动呢？

铺石子路
- 选址 —— 在哪里铺石子路？
- 铲土 —— 用什么工具容易铲？
- 搅拌混凝土 —— 如何搅拌混凝土？
- 铺混凝土 —— 如何把混凝土压平？
- 铺石子 —— 如何放石头？
- 家长加入 —— 如何邀请爸爸妈妈？

图 2-2-1   在班级门口铺石头路

这个问题涵盖多个小问题，解决它需先逐一攻克这些小问题，显示出问题的深刻探究性。若仅凭一两个探究活动即可解决，则表明该问题缺乏足够的深度，不宜作为驱动性问题。

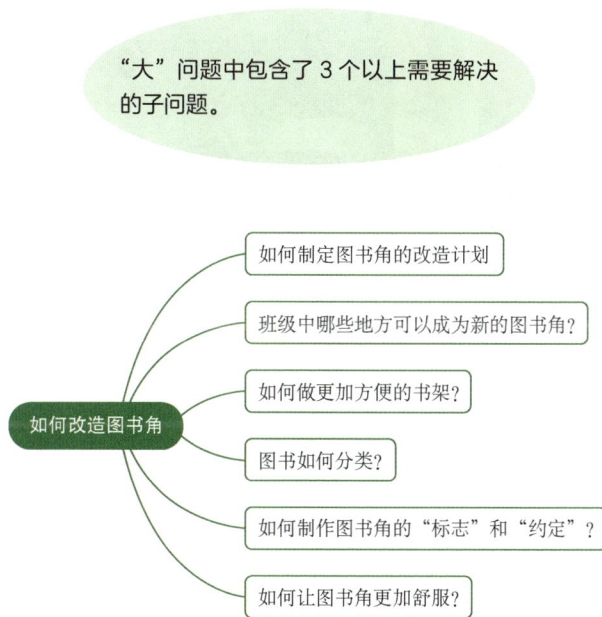

"大"问题中包含了 3 个以上需要解决的子问题。

如何制定图书角的改造计划

班级中哪些地方可以成为新的图书角？

如何做更加方便的书架？

如何改造图书角

图书如何分类？

如何制作图书角的"标志"和"约定"？

如何让图书角更加舒服？

图 2-2-2　改造图书角思维导图

2. 驱动性问题是开放性问题

开放性问题就是没有特定答案的问题，幼儿们可以自由地表达自己的观点、感受或者思考。

在小班 STEAM 项目式学习活动"泥土可以怎么玩"中，幼儿围绕驱动性问题，展开了五花八门各式各样的活动方式。

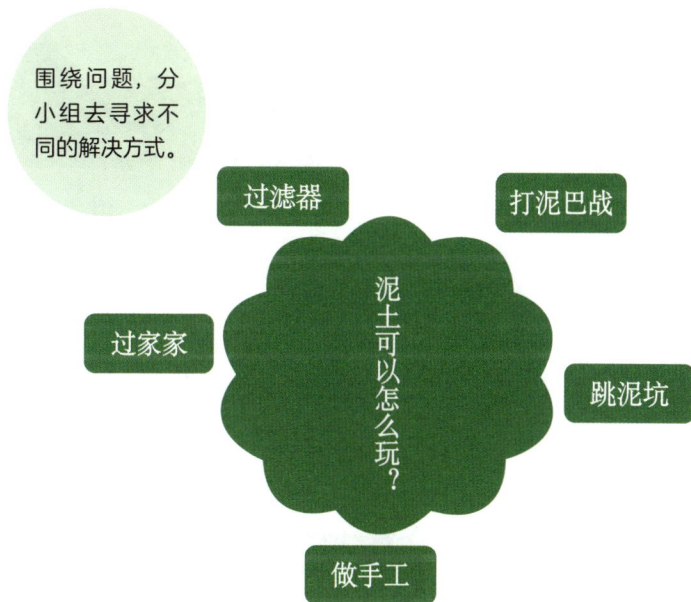

围绕问题，分小组去寻求不同的解决方式。

过滤器

打泥巴战

过家家

泥土可以怎么玩？

跳泥坑

做手工

图 2-2-3　泥土的各种玩法

这个问题的答案或者寻求解决的过程、方法具有多样性，不是单一的，也不是简单能用"是、不是""对、不对"这样的封闭性回答能解决的，也就是说，它具有多种解决的可能性和途径。

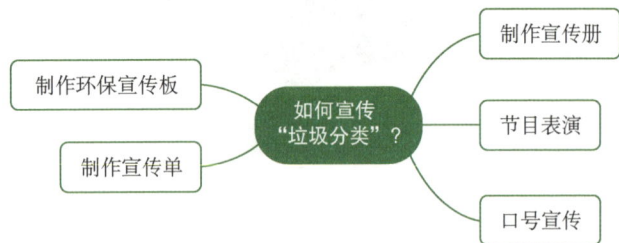

图 2-2-4　垃圾分类的思维导图

3. 驱动性问题是真实性问题

这个问题一定是来自幼儿生活的，与幼儿的真实生活密切相关，且问题的解决对幼儿来说是有用的、有意义的。

在大班的 STEAM 项目式学习活动中，项目的灵感来源于班级阅读区的环境特点。该区域靠近窗户，每天上午的阳光会穿过窗户洒入，光线较强，常常会让幼儿觉得有点晒。因此，阅读时如何防晒就变成了幼儿生活中谈论的话题，同时也成了需要解决的问题。

于是，"如何给阅读区搭个遮阳棚？"这一驱动性问题就产生了。幼儿们通过设计样式、寻找材料、分工合作，在阅读区搭建了帐篷，解决了区域活动时防晒的问题。

图 2-2-5　阅读区搭遮阳棚

　　如果这个问题是教师凭空创造出来的，脱离幼儿的生活经验，问题的解决对幼儿来说也没有什么实际作用，只是为了解决问题而"解决"，那么这个问题就是"假问题"，也不能成为驱动性问题。只有解决生活中的真实问题，才能让幼儿更有价值感。

遮阳棚怎么做？

如何制作区域标志？

如何举办班级“运动会”

如何保护幼儿园新的草坪？

如何设计和制作班级“漂流书袋”？

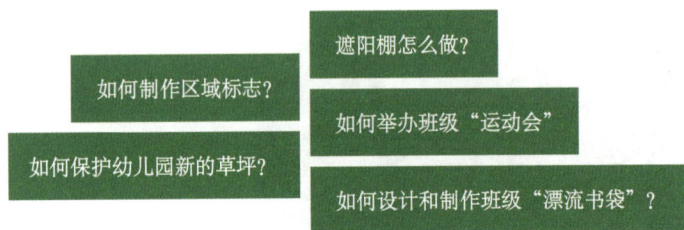

图 2-2-6   来源于幼儿生活中的真实问题

4. 驱动性问题是挑战性问题

在大班的 STEAM 项目式学习活动“摘高高的柿子”中，活动源于幼儿园里的柿子熟了，但还有高处的柿子摘不到的真实情况。“如何才能摘下高高的柿子”这个问题对于大班幼儿来说极具挑战性。他们兴奋又激动，共同研究摘柿子的方法和策略，寻找并制作工具，不断尝试，最终成功摘下了连教师都摘不到的柿子。

图 2-2-7   摘柿子

二 驱动性问题的产生

这个问题是幼儿感兴趣的，但解决起来又有一定难度，处于幼儿的最近发展区内，能够充分激发幼儿的好胜心和求知欲，同时需要幼儿经过探究、付出努力才能达成。如果这个问题幼儿已经有了丰富的经验，轻易就能解决，就不适宜成为驱动性问题。

1. 驱动性问题产生的两种情况

一是产生驱动性问题的情境具有特别明确的指向性，幼儿能够很快发现并确定要解决的问题。

在新建的树屋玩耍时，小朋友们发现树干太低、栏杆缝隙大、荡桥晃动等许多容易出现安全问题的地方。为了让树屋既好玩又安全，他们提出了驱动性问题："如何让树屋变得更安全？"	七七带来了一只小乌龟，小朋友们围着它仔细观察后，都想在活动室里养这只小乌龟。然而，他们发现班级里没有合适的地方来养乌龟。于是，他们提出了驱动性问题："如何给小乌龟建一个家？"

二是产生驱动性问题的情境没有特别明确的指向性。

幼儿可能只是对主题产生了好奇，并提出了一些感兴趣的问题。这些问题或许是一些非常具体、事实性的问题，或许是充满想象、并非真实的问题，或许还隐含着未被发现的驱动性问题。这时，就需要教师引导和发展幼儿的兴趣与问题，逐步产生驱动性问题。

例如：大班的"蚂蚁"这一STEAM项目式学习活动，其来源是小朋友在户外活动时发现蚂蚁在搬运食物，于是对蚂蚁产生了许多问题。小朋友们讨论的问题内容往往较为分散，这里需要教师的支持。通过讨论和探究活动，小朋友们了解了蚂蚁的结构、生活习性、蚂蚁家族以及蚂蚁精神等。

图 2-2-8 观察蚂蚁

在不断丰富经验的基础上，教师引导小朋友们将对蚂蚁的兴趣点逐渐聚焦。在不断探究的过程中，产生了不同的驱动性问题："如何饲养蚂蚁""如何制作蚂蚁故事绘本""如何表演舞台戏剧：蚂蚁总动员"。最终确定了 STEAM 项目式学习活动:"如何制作蚂蚁故事绘本"以及"如何进行舞台剧的表演"。

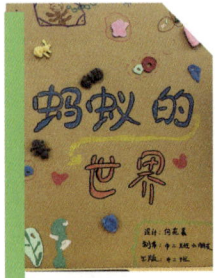

图 2-2-9
蚂蚁故事绘本

图 2-2-10
表演蚂蚁舞台剧

2. 区分"问题"和"驱动性问题"

"问题"和"驱动性问题"是两个不同的概念。

"问题"——它往往反映出幼儿的兴趣所在,具有随机性、多样性和动态变化的特点;

"驱动性问题"——是在问题的基础上发展生成的。当幼儿积累了一定的经验后,他们共同感兴趣并想要解决的问题就成了驱动性问题。它具有目的性、挑战性和稳定性这几个特点。

如图 2-2-11 所示,驱动性问题与幼儿最初提出的问题存在较大差异。这种差异是幼儿的问题和兴趣经过发展演变的结果,同时也是教师支持和引导作用的体现。

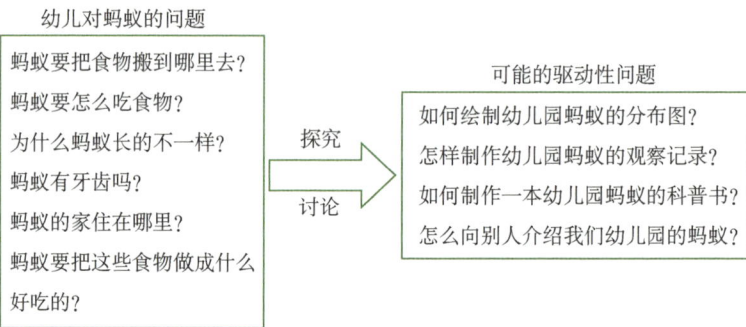

幼儿对蚂蚁的问题

蚂蚁要把食物搬到哪里去?
蚂蚁要怎么吃食物?
为什么蚂蚁长的不一样?
蚂蚁有牙齿吗?
蚂蚁的家住在哪里?
蚂蚁要把这些食物做成什么好吃的?

探究
讨论

可能的驱动性问题

如何绘制幼儿园蚂蚁的分布图?
怎样制作幼儿园蚂蚁的观察记录?
如何制作一本幼儿园蚂蚁的科普书?
怎么向别人介绍我们幼儿园的蚂蚁?

图 2-2-11　关于蚂蚁的问题

图 2-2-12　观察饲养蚂蚁

3. 驱动性问题在讨论中产生

无论问题情境的指向性是否明确，在驱动性问题产生的过程中，教师都需要重视和幼儿一起的讨论，因为驱动性问题往往是在讨论中出现和明确的，讨论对于驱动性问题的产生有着绝对推动性的作用。

✔　讨论有助于幼儿分享和交流经验：

对同一个主题或事物，幼儿的经验差异很大，讨论的过程同时也是相互学习、丰富经验的过程。

✔　讨论有助于幼儿思考和理解自己的问题：

幼儿的问题通常具有很大的随意性，有可能是跟风提的，也有可能是天马行空的想象，在讨论的过程中会让幼儿逐渐清晰自己到底想知道什么？为什么要提出这个问题？不断地引发幼儿的思考。

✔　讨论有助于幼儿明确要共同解决的问题：

幼儿的兴趣不同，问题的方向也会有很大差异，讨论能帮助幼儿学会倾听和共情，学会采纳别人的观点和意见，对要解决的问题形成共同的想法。

讨论：如何设计"艺术客厅"　　　　讨论：运动会的项目　　　　讨论：迷宫

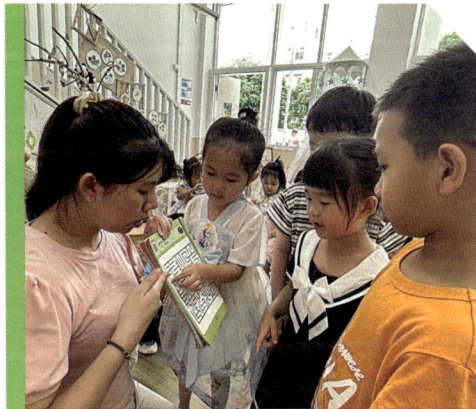

图 2-2-13　不同的讨论

教师需要明确讨论的目的是发现和判断幼儿的兴趣及问题方向，从而产生驱动性问题。因此，在与幼儿的讨论中，教师要注意随时捕捉和发现教育契机，思考其中可能蕴含的驱动性问题。如果没有教师的引导和支持，讨论就可能变成没有方向的谈话活动，很难产生有价值的驱动性问题。

第三节　经验：用问题和探究推动幼儿的经验发展

在 STEAM 项目式学习活动中，问题和探究是促进幼儿经验发展的两条核心线索。幼儿的学习始终围绕问题展开，为了解决问题，就需要深入、持续地开展各种探究活动。问题导向和探究实践共同推动幼儿不断积累和发展经验。

一　问题：为幼儿建立问题解决的学习地图

在驱动性问题产生后，幼儿所有的探究活动都要围绕驱动性问题展开。由于驱动性问题是一个"大问题"，因此在解决问题之前，

教师需要和幼儿一起讨论驱动性问题，将这个大问题分解成一个个子问题，再开展探究活动逐一解决。

在分解驱动性问题时，我们通常会使用"关键词分解法"，即围绕驱动性问题中的关键词进行分解。分解时，还需要思考这些子问题的探究和解决会发展幼儿的哪些经验，如表 2-3-1。

表 2-3-1　关键词分析

驱动性问题：如何让树屋变得更安全？		
关键词	子问题	幼儿的经验发展
树屋	我们的树屋是什么样子的？	观察发现树屋的形状、结构、造型、材料
安全	树屋什么样才算安全？	思考、理解安全的概念，分辨和判断是否安全
	树屋哪里不安全？	寻找、记录不安全的地方
变得（安全）	什么样的方式能让树屋变得更安全？	预测、尝试和验证多种方法
	如何制作实现这些让树屋变得更安全的方式呢？	安全方式的设计、制作和运用

图 2-3-1 树屋的安全标志

驱动性问题的分解不仅能帮助教师建立问题框架，也能为幼儿开展 STEAM 项目式学习活动提供学习地图。然而，做到这一步还不够。为了在问题解决过程中更有针对性地发展幼儿的 STEAM 素养，教师还需要对每一个子问题可能包含的 STEAM 元素进行分析。

在中班的"树屋"这一 STEAM 项目式学习活动中，教师对驱动性问题做了进一步的分析，如表 2-3-2 所示。

表 2-3-2　驱动性问题分析

驱动性问题：如何让树屋变得更安全					
子问题	科学（S）	技术（T）	工程（E）	艺术（A）	数学（M）
我们的树屋是什么样子的?	树屋的造型、结构、组成部分、材料	拍照、视频等方式记录树屋的结构、造型、材料	临摹、写生画出树屋的基本结构图		测量树屋的高度、长度，对树屋的结构、材料统计
树屋什么样才算安全?	讨论"安全"的含义；讨论安全的树屋的特征	讨论、思考"安全的树屋"要如何实现	对设计"安全"的树屋并进行表征	对"安全树屋"设计的艺术化、多样化表达	
树屋哪里不安全?	对树屋的"不安全"进行观察、调查	运用拍照的方式进行记录	讨论"不安全"的原因	对树屋的"不安全"艺术化表达	对"不安全"的地方在树屋结构图上进行标注
什么样的方式能让树屋变得更安全?	讨论、预测，验证对"不安全"的改进方法	运用多种工具、材料进行验证	对不安全的地方提出修改意见并进行表征		
如何制作实现这些让树屋变得更安全的方式呢?	尝试用多种方法制作以确定可行的方案	尝试运用拍照、视频、海报、录音等多种技术手段进行优化和改进	制作设计图，进行分组合作，并反复设计、反思、改进设计图	讨论用艺术的方式实现最佳的效果	根据设计图进行测量（高度、位置大小、形状大小等）

综合运用 STEAM 经验和技能去探究和解决问题——体现 STEAM 项目式学习活动的"整合性"特征。

子问题的解决可能包含一个或几个比较突出和明显的 STEAM 元素，并不要求每一个子问题都列出所有的 STEAM 元素。

对子问题中 STEAM 元素的分析和梳理，目的是帮助教师明确在问题解决过程中幼儿需要运用和发展哪些 STEAM 经验和技能，并积极地给予幼儿引导和支架。这并不是要求在子问题的解决中开展 STEAM 每一个元素的专项活动。

此外，还需要注意的是，在将驱动性问题分解成子问题后，从哪一个子问题开始探究？是否要按照子问题的顺序开展？实际上，子问题和驱动性问题是部分和整体的关系，任何一个单独的子问题都无法解决驱动性问题。也就是说，无论从哪一个子问题开启探究，都一定会和其他子问题发生联结，最终形成整体的经验。因此，从哪一个子问题开始开展探究都是可以的，可以充分尊重幼儿的兴趣，和幼儿一起决定首先解决哪一个子问题。

二 探究：寻找解决问题的方法和过程

1. 探究是什么

《3—6 岁儿童学习与发展指南》指出：要最大限度地支持和满足幼儿通过直接感知、实际操作和亲身体验获取经验的需要，提出幼儿应"亲近自然，喜欢探究""具有初步的探究能力""在探究中认识周围事物和现象"。

在词条中，探究就是探索、追究或研究。它是寻找解决问题的方法和过程，而在解决问题中对各种方法和过程的综合运用，就表现为探究能力。

在日常生活中，我们认为探究就是提出疑问，收集信息，或弄清楚一个我们感兴趣的话题。对于幼儿来说，探究的定义也是如此，包括：

✔ 观察并提出问题；

✔ 通过各种途径和信息获取经验和知识；

✔ 制定调查研究的计划；

✔ 根据实验证据对已有结论作出评价；

✔ 运用多种方法收集、分析、解释数据；

✔ 做出解答；

✔ 解释、预测和交流结果。

——（美国国家研究委员会，《美国国家科学教育标准》1996）

在 STEAM 项目式学习活动中，探究不仅是科学领域学习的核心，而且也是整个 STEAM 项目式学习活动的基础，贯穿学习活动的全过程。

以大班的"如何为班级制作雨伞"这一 STEAM 项目式学习活动为例，在驱动性问题产生前，小朋友们首先是围绕生活中常见的"伞"进行了较长时间的深入探究。

✔ 小朋友们通过细致的调查和详尽的统计，搜集了关于伞的丰富信息，涵盖了伞的种类、用途，以及常见伞与特殊伞的独特功能。

✔ 小朋友们通过观察雨伞，提出了关于"伞"的各种问题：伞是由哪些部分组成的（伞的结构）？伞是

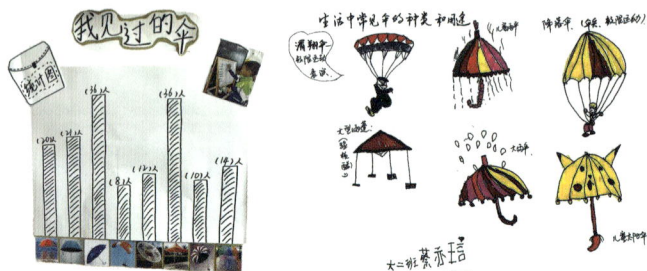

图 2-3-2　统计生活中常见的伞

用什么材料做的？随后，他们通过拆解雨伞、查阅资料等各种途径，交流分享自己和小组获得的关于"伞"的经验。

图 2-3-3　统计生活中常见的伞

✔　小朋友们通过做实验和分析总结，得出了关于"什么样的伞不怕水"以及"伞是怎么变大变小"的问题的答案。

图 2-3-4　做实验："什么样的伞不怕水？"

图 2-3-5　操作探究："伞是怎么变大变小？"

幼儿在探究阶段积累的经验，在后续的工程设计与制作过程中起到了至关重要的作用。

✔️　通过不断地探究，小朋友们积累了关于"伞"的各种经验，并由此产生了驱动性问题"如何为班级制作雨伞"。随后，他们开始自己设计、建模，并尝试制作雨伞。

图 2-3-6　设计制作伞

在 STEAM 项目式学习活动中，幼儿既通过探究不断丰富关于事物和问题解决的经验，又在运用方法和回顾经历的过程中形成和发展探究能力。

2. 探究不是一种类型的活动，而是一种多层面的活动

（1）从方法的层面来看，不同的方法可以解决不同的问题。例如，比较可以解决大小、长短等特征差异性的问题，测量可以解决长、宽、高计量的问题。我们需要发展幼儿学会使用多种方法解决问题的能力。幼儿在不同的年龄阶段学习和使用的探究方法也有所差异，如表 2-3-3 所示。

表 2-3-3　探究能力发展

3—4 岁	4—5 岁	5—6 岁
问问题 摆弄 观察 用感官或动作探索 注意发现 感知发现 感知体验	问问题 动手探索 观察比较 观察提问 预测简单记录（图画、符号） 感知发现	追问问题 动手探索 观察、比较、分析 预测验证 制定计划 复杂记录（数字、图画、文字、图表） 观察发现

（根据《3—6 岁儿童学习与发展指南》整理）

（2）从过程的层面来看，探究需要经过一定的程序或环节。科学家在科学研究中经过反复使用和验证，证明了这些程序或环节的科学性和有效性。我们常说幼儿像"小小科学家"一样探索和发现，一方面是指幼儿拥有强烈的好奇心和求知欲，另一方面是指幼儿在探究过程中遵循了和科学家相似的程序和步骤。

幼儿的探究过程主要包括以下五个环节。

1. 观察探索提出问题

观察探索是最基础的探究方法，也是幼儿探究的起始环节。幼儿需要运用简单观察、比较观察、实验观察等多种方法，才能提出真正具有探究价值的问题。同时，观察也会进一步引发幼儿的兴趣和探究欲望。

图 2-3-7　观察植物

2. 思考预测假设讨论

在解决问题之前，对可能的答案、结果、方法、过程进行猜测，能够很好地呈现幼儿在探究前的经验水平。教师应及时、完整地记录幼儿的预测，以便在后期支持幼儿进行对比和思考。

图 2-3-8　关于植物的猜测

3. 制定计划调查验证

在探究过程的核心环节中，幼儿需要学会根据问题制定计划和调查方案。依据这些计划和方案，幼儿将开展观察、实验、调查等多种探究活动，探索并尝试运用多种方法和工具来验证他们的预测。同时，幼儿还需根据实际情况对计划和方案进行适时调整。

图 2-3-9　统计

4. 收集信息记录标志

在调查探究中建立收集信息的意识，用多种方式收集对解决问题有用的信息，通过学习用符号、数字、图画、图表等方式记录有用的信息，学会对事物的客观描述。

图 2-3-10　设计龙眼树标志

5. 得出结论交流合作

根据调查和信息得出自己的结论，并能够进行解释和说明。与同伴分享和交流自己的发现，倾听并接纳不同的想法，与他人合作完成探究的成果。

图 2-3-11　分享交流植物标志

在 STEAM 项目式学习活动的起始阶段——探究阶段，来源、问题、经验三个要素分别解决了幼儿学习的主题内容、驱动性问题以及经验发展这三个基础且关键的问题，从而为工程设计阶段幼儿的整合性学习奠定了坚实的基础。

第三章　工程设计与实施阶段

在 STEAM 项目式学习中，探究阶段犹如一块基石，通过各种各样的探究活动，激发了幼儿的学习热情和探索欲望，为后续的问题解决积累了丰富经验。教师需要细致观察，评估幼儿在专注时长、深度学习及自发拓展等方面的表现，确认其已积累足够经验后，即可引导幼儿进入工程设计与实施阶段。

这一阶段是 STEAM 项目式学习活动的关键环节。在此过程中，幼儿的整合性学习得以充分展现，设计、制作和迭代这三个实践要素，也充分发挥着 STEAM 教育的核心价值与功能。接下来，让我们深入探讨这一重要阶段的具体内容。

第一节　设计：学会用设计思维解决问题

"设计"一词在生活中无处不在，广泛应用于形象设计（展现独特魅力）、工业设计（赋予产品实用与美观）以及品牌设计（塑造企业形象）等领域。在 STEAM 项目式学习活动中，"设计"作为幼儿学习解决问题的一种方法和思维模式，有着自己独特的内涵。接下来，我们将从"幼儿的设计"出发，帮助教师理解"设计"对幼儿学习和发展的价值。

一　设计和幼儿的设计

（一）什么是设计

"设计（Design）"一词起源于拉丁语"Designare"，包含"想出、选出、做出"等多种含义。到了 17 世纪，"设计"一词已特指创作艺术性图案或规划建筑方案等活动。《牛津英语词典》将"设计"定义为"在建造或制造之前，构思并制定计划、绘制图纸或制作模型的艺术创作或行为"。

我们可以从三个方面把握设计的本质。

✓　为解决问题而开展的一系列活动；

✓　具有创造性，会探索多种解决方法，通过计划、构思、创造找到最优解决方案；

✓　其结果往往表现为人工制品或产品，而且往往兼具实用性、艺术性和象征性。

根据以上方面，人类早期制作的石刀、石斧等工具都是设计的成果。在现实生活中，"设计"也无处不在，如制作一张贺卡、制定一个旅行计划等。

"设计"作为解决问题的思路和方法，渗透至各行各业，取得显著成效后，人们不再视其为问题解决中的边缘活动，而是将其发展为一套系统的创造性问题解决方法论。这种方法论体系有两个核心要点。

其一，强调在一定的条件下不断寻求最优的问题解决方案。

其二，强调要以人的需求为出发点，从多角度、多方面寻求解决方案，从而创造出多种可能。

（二）什么是幼儿的设计

幼儿设计指的是幼儿通过自主思考、创造和表达，为解决具体问题或达成目标而进行的规划与制作过程。它强调幼儿像"小小设计师"一样，运用已有经验、想象力和简单工具，构建自己的解决方案或创意作品。

在这个过程中，幼儿会经历和体验设计的完整过程，通过想象、构思、表征等多种方式，有计划、有目的地创造性地解决问题。

我们可以从以下四个方面来认识和理解幼儿的设计。

1. 具有明确的目的性

幼儿的设计是为了解决实际问题，问题为设计指明了目标和方向，也提供了条件与资源。幼儿只有在真实的问题情境中，才能真切感受和体验设计的真实性与全过程。因此，幼儿的设计不能脱离实际问题，不能为了设计而设计。

例如：在大班 STEAM 项目式学习活动"图书角改造计划"中，小朋友发现幼儿园图书角不适合阅读，进而开展"图书角改造"项目。围绕"如何改造图书角"这一驱动性问题进行设计，即通过设计解决阅读环境不佳的问题，凸显设计思维的目的性。

图 3-1-1   图书角改造计划

2. 需要高阶思维参与

设计过程需要幼儿思考问题、确定目标、制定计划、构思蓝图，还需考虑他人需求。这是分析、理解、创造等多种高阶思维共同作用的结果，充分体现了设计活动对幼儿高阶思维发展的促进价值。

例如，在"制作秋千"项目中，幼儿从讨论喜欢公园的秋千，到思考如何在幼儿园制作秋千，这期间涉及选址、材料选择等诸多问题。幼儿在讨论中不断地碰撞不同观点，相互学习、丰富经验，展现了设计思维的动态发展。

3. 符合年龄特征

幼儿的设计需符合其年龄和心理特征，强调让幼儿亲身参与设计过程，体验方法，从而认识到设计在解决问题中的重要性。通过这一过程，幼儿逐步树立设计意识，养成思维习惯，并掌握基础设计技能。

例如：在小班 STEAM 项目式学习活动"嗨，泥好呀"中，小班幼儿的设计思维更加直观、感性，他们会通过不断地感受、玩耍、操作、摆弄来搭泥坑、建公园模型。

图 3-1-2　嗨，泥好呀

例如：在大班 STEAM 项目式学习活动"摘柿子"中，大班幼儿研究摘柿子的方法策略、制作摘柿子的工具，展现出不同年龄段幼儿设计思维的差异。

图 3-1-3　摘柿子

4. 以设计表征为载体

我们不能简单地认为只有幼儿画出完整的图纸才叫设计。当幼儿开始观察、思考问题，并通过线条、图画、符号建立与问题的联系，表达自己的想法时，就表明他们已经具备了设计意识。

因此，设计表征是幼儿设计的主要呈现方式和手段。

例如：大班 STEAM 项目式学习活动"失物招领站"中，小朋友们为解决失物招领问题而设计的失物招领站图纸，细致地划分了不同区域，并解释了每个标志的含义，详尽地阐述了这些设计元素与问题解决之间的联系。这表明幼儿已经能够通过设计来表征问题，并具备了解决问题的意识和能力。

图 3-1-4　失物招领站设计图

例如：在小班 STEAM 项目式学习活动"保护草坪"中，小朋友们用多种方式来表征草坪围栏的设计思路和想法。

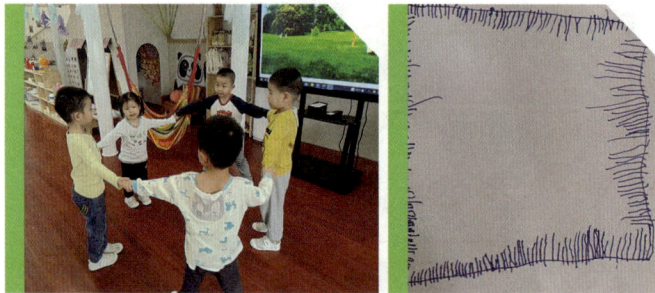

图 3-1-5　给草坪设计围栏

二　设计如何支架幼儿解决问题

在"发现问题—探究问题"阶段，幼儿主要通过探究活动丰富对问题的认知和经验。而到了"解决问题"环节，幼儿需要形成解决问题的初步思路和方案，这时"设计"就发挥着关键作用。

1. 整合经验，全面思考

在探究阶段，幼儿如同小小探究家，从各个方向对问题展开探索，积累了丰富但零散的经验。

例如：在大班 STEAM 项目式学习活动"建造树屋"中，小朋友们通过观察、测量、讨论等活动，了解了树屋的结构、材料以及安全相关的知识，但这些经验是碎片化的。通过设计，小朋友们把之前对树屋不同方面的经验串联组织起来，建立起它们之间的联系。

这时候，小朋友们会站在一个更宏观的角度去思考："建造树屋到底是怎么一回事？要完成它，我需要做些什么？"就像搭建积木一样，之前小朋友们手里拿着各种形状的积木，不知道怎么用，而设计帮助他们看清了最终要搭建的模型的样子，让他们明白每一块积木该放在哪里，从而更全面、综合地思考解决问题的路径。

2. 外化思维，清晰表达

设计的核心思维过程——构思，是幼儿产生想法和思考的关键环节。绘制设计图是将这些抽象的构思具象化的重要手段。

例如：大班 STEAM 项目式学习活动"我的运动会"中，在设计"队牌标志"时，小朋友脑海里可能有许多关于标志的创意，比如代表运动的图案、鲜艳的颜色等，但这些想法起初是模糊的。当他们开始绘制设计图，尝试将脑海中的画面呈现出来时，小朋友们对标志的设计就有了更清晰的认识和更深入的思考。

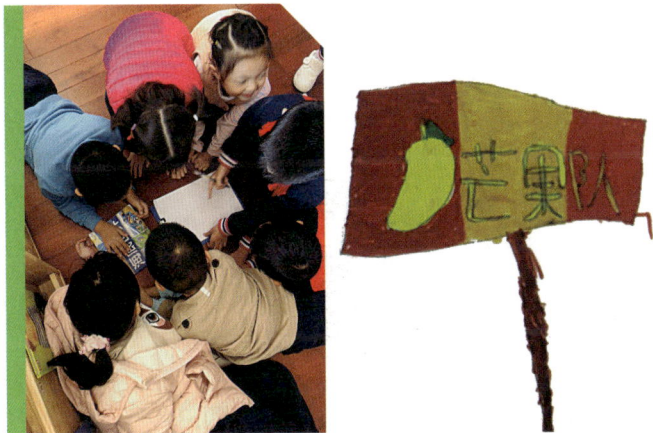

图 3-1-6 设计队牌

设计图不仅仅是一幅画，它还是幼儿回顾自己思考过程的重要依据。通过比较不同阶段的设计图，幼儿能够清晰地追踪自己想法的逐步演变，仿佛在翻阅记录自己思维变化的"成长日记"。

此外，幼儿思维的外化还体现在模型建构、行为表现等方面。在制作"图书角模型"时，幼儿通过搭建书架、摆放图书等实际操作，将他们对图书角布局的思考具象化。在讨论"如何让滑梯更好玩"时，幼儿用动作演示自己想象中的新玩法，这些都是思维外化的表现，能帮助幼儿更好地理解问题并清晰表达自己的想法。

3. 关注需求，发展创造力

设计的核心是以人为本，围绕着让人们的生活更加美好来进行。在幼儿的设计活动中，这一点也体现得淋漓尽致。

例如：在中班 STEAM 项目式学习活动"如何让户外器械收纳更方便"中，小朋友们为了改变收纳状况凌乱无序的状况，他们会思考"如何让这些器械收拾得整齐？如何才能轻松取拿？"，这些思考促使他们从需求出发，去探索各种可能性。最终，小朋友们为了让体育器械有固定位置，设置了相应的标志。

图 3-1-7 整理设计器械收纳柜

　　许多奇思妙想不仅满足了不同人的需求，还引发了一系列创造性活动。在这个过程中，小朋友们不断突破自己的思维局限，尝试新的想法和方法，他们的创造力也在一次次的思考和实践中得到了发展。

　　"设计"是幼儿 STEAM 项目式学习活动的关键实践要素，也是"工程"领域的重要体现。它不仅融合了幼儿的经验，还系统地整合了后续的工程实施、迭代、对象与形式、产品与应用等实践要素。帮助幼儿完整地经历 STEAM 项目式学习过程，对幼儿学会解决问题有着不可替代的重要意义。

三　如何支架幼儿学会用设计思维解决问题

　　幼儿的设计构思和行为离不开教师的引导与支持。教师需要引导幼儿亲身体验并参与到设计过程中，让他们不断感受并理解设计在解决问题中的关键作用，从而逐步培养幼儿的"设计"的基本技能，帮助幼儿养成思维习惯。

　　那么，教师应该如何支持幼儿学会用"设计"去解决问题呢？

1. 预留时间，先表达再表征

应为设计活动预留充足的时间，并采用"先表达想法，再表征

构思"的方式。在设计前，组织幼儿充分讨论、分享设计经验，鼓励他们说出自己对解决问题的想法，再引导幼儿表达和呈现自己的构思和想法。

　　例如：在开展大班 STEAM 项目式学习活动"设计班级菜园"时，教师先让小朋友们分享自己心目中理想的菜园的样子。在大家充分表达后，教师再引导小朋友们用自己喜欢的方式把这些想法表达出来。有的小组用画笔绘制，有的小组则用戏剧的形式表现（通过身体造型后拍照）。在这个过程中，小朋友们通过讨论和表达梳理了自己的思路，再将想法具象化，设计思维得到了锻炼。

图 3-1-8　画图设计

图 3-1-9 戏剧设计（雕塑家）

2. 建立联系，区分设计与一般表征

应帮助幼儿建立"设计"与"问题解决"之间的紧密联系，引导他们认识到设计图与普通绘画、表征的不同，让幼儿理解设计图的主要目的是解决问题。

例如：以大班 STEAM 项目式学习活动"设计班级图书角"为例，教师先展示一些小朋友平时的绘画作品

和之前设计图书角的草图，引导幼儿发现设计图与平时的绘画之间的区别。设计图是为了让图书角变得更好用，需要考虑书架怎么摆放、图书怎么分类等问题，而普通绘画更注重表达自己的想象、感受与思考。

教师和小朋友们一起讨论图书角存在的问题，如空间狭小、图书难找等，然后让他们根据讨论结果修改设计图。小朋友们在设计图上标注了不同种类图书的摆放区域，并勾勒出一个舒适的阅读角落。通过这个过程，他们开始理解设计图应服务于实际需求，进而解决实际问题。

图 3-1-10 图书角设计图

3. 创设环境，激发设计灵感

注重创设与"设计"相关的学习环境，设置主题墙和区域环境，投放设计相关的绘本和材料。例如，如果幼儿需要了解环保的重要性和利用废旧物品制作玩具的方法，那么在区域环境中，就要投放大量废旧材料，如纸盒、塑料瓶、吸管等，让幼儿在日常生活中随时发现和探索设计，激发他们的设计灵感。

4. 重视设计图，记录设计过程

设计图是幼儿设计的直观展现，更是他们解决问题的得力助手。我们应引导幼儿深入探索设计图的功能，鼓励他们通过实践验证不断修正和完善设计图。同时，为他们建立设计图档案袋，与他们一同回顾设计历程，感受想法的蜕变。

起翻看档案袋，回顾设计过程。小朋友们惊喜地发现自己的想法在不断改进，对设计图的作用也有了更深刻的认识。

例如：在大班 STEAM 项目式学习活动"搭建积木城堡"中，教师鼓励小朋友们先画出自己想要搭建的城堡设计图。有的设计了高高的塔楼，有的画上了坚固的城墙。在搭建过程中，幼儿发现实际搭建和设计图存在一些差异，比如材料不够、搭建结构不稳定等。于是，他们根据实际情况修改设计图，调整城堡的布局和结构。

教师为幼儿建立了设计图档案袋，将他们不同阶段的设计图收集起来。活动结束后，教师和小朋友们一

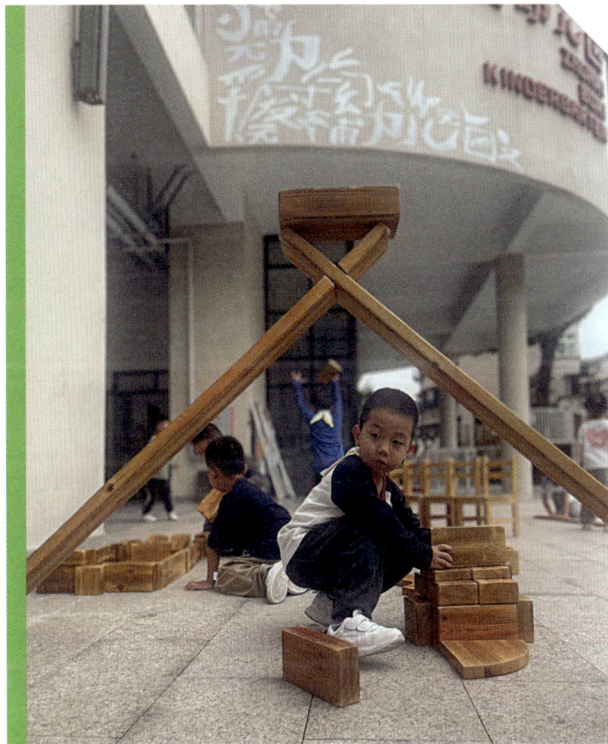

图 3-1-11　搭建

5. 关注他人需求，优化设计方案

在设计过程中，我们应引导幼儿学会倾听他人的声音，通过调查、采访等形式广泛收集来自同伴、老师、家长等不同群体的意见，并诚挚邀请他们为设计方案提出宝贵建议，以此为基础不断优化设计方案。

例如：在大班的 STEAM 项目式学习活动中"建造光明索道"。小朋友们通过观察、采访其他班级的小朋友，询问他们试玩索道的感受，并认真记录大家的想法。有的小朋友说不太安全，滑动时大树会晃动；有的说会伤害大树；还有的小朋友觉得可以更加漂亮一些……根据收集到的意见，小朋友们修改了原来的设计，并开始了对索道的改造。改造后的索道更加牢固安全，吸引了很多小朋友前来玩耍。

图 3-1-12　改建后的索道

6. 合作与自主设计结合，促进全面发展

设计图的制作可以灵活采用小组合作与幼儿自主设计相结合的方式。小组合作设计能够激发幼儿之间的讨论交流，促进协作互助；而自主设计则能激发幼儿的独立思考，促进个性化发展。

幼儿设计能力的培养是一个动态、渐进的过程。只有将"设计"视为幼儿解决难题的关键学习阶段，并且教师持续地引导并支持幼儿运用"设计"来解决问题，才能充分挖掘并发挥"设计"在幼儿 STEAM 项目学习活动中的独特作用。

第二节　实施：在建模和施工中解决真实的问题

设计是幼儿解决问题的初步构思和想法的展现，实施则是对这些构想的验证和实践，将幼儿的抽象方案转化为具体实物。这一过程在幼儿问题解决中至关重要。

接下来，我们将聚焦建模与施工以及工具、材料的运用，探讨它们在幼儿STEAM项目式学习活动中的作用。

一　如何支架幼儿通过模型制作解决问题

通常，模型是对现实事物、现象、系统的简化和抽象表达，具有直观形象和便于操作的特点，如医生常用的人体模型、博物馆中的动植物模型等。成人倾向于使用更为抽象的模型，例如数学模型，而幼儿则主要依赖图示模型和实物模型。

图示模型是通过图画、符号呈现和展示的模型，如画出一只蜜蜂的模型，幼儿在设计过程中已经包含了图示模型的绘制；而实物模型的制作也叫"建模"，是幼儿用实际材料制作完成的模型。

在STEAM项目式学习活动中，幼儿制作的实物模型我们称为"工程模型"。它和一般实物模型的主要区别在于，工程模型要依据幼儿的设计图制作，并且要指向问题解决，体现幼儿对问题的思考和理解。而一般的实物模型可能只是幼儿喜欢做、为了玩而做，与问题并无太大关联。

幼儿制作工程模型，旨在更清晰地展示解决问题的策略，深化对问题的理解，并通过模型模拟探索解决方案。而不是一定要做出能真正用起来的产品。例如，小朋友制作的秋千、索道、沥水架、

机器人等模型，通常尺寸小于实物，造型简化，且往往不具备实际使用功能。

那么，教师应当如何更好地支持幼儿通过制作模型的方式解决问题呢？

1. 引导幼儿关联设计

制作模型并非单纯的手工活动，而是"设计"之后解决问题的关键步骤。设计图是建模的依据，模型是设计图的具体呈现。幼儿制作模型时易忽视设计图，对此教师应及时引导，通过提问建立模型与设计图的联系，如"模型是否按设计图制作？现有模型与设计图有何差异？如何按设计图调整？"在初次制作模型时，引导幼儿按照设计图搭建出基本形态，后续经过试用、操作后，再对设计图进行修改完善。

例如：在中班STEAM项目式学习活动"改良户外器械收纳柜"中，"分隔板制作组"的小朋友们决定先绘制设计图并制作模型，以便确定最终分隔板的样式。在材料选择上存在分歧，于是他们按材料分成了三个小组：木头组、纸皮组和塑料组。各小组随即开始了设计和模型制作工作。

第一次设计图和模型制作：

	木头组	纸皮组	塑料组
第一次设计图			
第一次模型			

图 3-2-1 户外器械收纳柜第一次设计与模型图

各小组展示了初稿设计及模型。在相互交流中，他们发现了一些问题：例如，部分重型器械被设计在三层，这使得取用不便；大型器械的收纳空间过于局促，难以容纳全部器械。

为了解决这些问题，教师组织小组再次前往风雨操场，比较器械的数量、重量及大小，为第二轮设计制作的调整做好准备。

	木头组	纸皮组	塑料组
第二次设计图			
第二次模型			

图 3-2-2　户外器械收纳柜第二次设计与模型图

在第二轮设计和制作中,三个小组针对第一次的不足进行了有效优化,并通过调整设计图、搭建模型,逐步建立起模型和设计图的对应关系,让模型更符合最初的设计构想。

2. 引导幼儿"呈现特征"

幼儿需要明白模型要反映事物的典型特征。教师要帮助幼儿区分工程模型和艺术模型,减少他们过度的想象和个性化表达。模型不仅要"像",还要"真"。

建模前,教师可引导幼儿回顾探究发现,讨论建模对象的结构、特点及运行方式,并再次观察、比较、分析其特性。

3. 引导幼儿"模拟场景"

幼儿制作模型时,常常只关注模型本身,忽略其使用的背景、环境、条件和人物等因素。幼儿初步完成模型后,教师可通过启发性问题,引导幼儿思考模型的应用场景,如"模型将置于何处? 周边有何物? 谁将使用?"场景中的树木高低、人物位置、地势起伏、物品大小等元素,能构建出更真实、立体的空间关系,帮助幼儿更好地理解模型与人物、模型与环境的关系。

例如,在"建造小区模型"活动中,幼儿初步完成小区建筑的模型制作后,教师进行启发性提问:"这个小区模型以后是要放在展示区的,那展示区周围可能会有什么呢? 小区里会有谁居住呀?"幼儿开始思考,有的说要在小区周围加上绿化带,有的说要制作一些小人代表居民。于是,他们为模型添加了绿草、树木及人物模

图 3-2-3　小区模型增加场景

型,营造出更真实、立体的空间感,从而更好地感知和理解模型与人物、环境的关系。

4. 引导幼儿"预演情境"

此处所指的"情境"特指问题情境,它包括了模型的"试用"阶段,也就是"预演",直至问题得到解决的整个过程。幼儿在此过程中发现问题,搜集信息,进而对模型进行细致的调整与优化。

预演是将模型与问题解决紧密联系的过程。幼儿通过试用和操作模型,可以初步体验在问题解决过程中空间、方位、结构、材料、数量、形状、技术等要素的作用。

例如：在大班 STEAM 项目式学习活动"搭建防雨防晒棚"中，小朋友们制作好游泳池防晒棚模型后，开始进行测试。在测试阶段，小朋友们利用不同尺寸的"雨"和"风"以及透光性对防雨防晒棚进行了检验。他们发现，防雨防晒棚不宜设计成平面展开形式，而应采用三角形结构，并确保四个角落得到稳固固定。最终，第三幅图展示的模型成功通过了测试，底部既没有潮湿也没有透光现象，小朋友们对此感到非常高兴，他们的防雨防晒棚模型终于宣告完成。

图 3-2-5　测试防雨：三角形顶的棚子不容易积水，但是不容易透水

图 3-2-4　测试防晒，阳光依旧会晒到游泳池

图 3-2-6　完成防晒防水测试的模型

为了更好地支持幼儿制作模型，可以在班级区域中单独设置一个 STEAM 项目式学习活动探索区，投放大量开放性的工具和材料，供幼儿充分探索和尝试。当幼儿不再满足于"小模型"的制作时，他们可以通过小组合作，明确分工，共同打造出更为逼真的"大模型"。教师在模型完成后，邀请其他班级的小朋友前来参观，在试玩环节，让幼儿化身"小小讲解员"，通过游戏、语言等多种活动形式，使模型制作变得更加生动有趣，让幼儿在参与中感受快乐，收获成就。

二　如何支架幼儿在工程实施中解决问题

幼儿经历了模型的制作和试用后，在情感、动机和经验上已经做好了充分的准备，急切想要进行真正的施工，解决实际问题。

在现实世界中，工程师经过设计、建模、测试、验证等多个复杂环节后，最终要通过"施工"来解决实际问题。"施工"可能是完成一个活动项目或工程项目，如完成一个毕业设计展、建造人行天桥、幼儿园停车场；也可能是完成一个产品（人工制品），比如绕线机器人、防晒防雨棚等。

不论是"建造"还是"制造"，其中所蕴含的工程思维是一致的，即都包括制定工程计划、开展工程实践、进行工程检查三个方面。幼儿的工程实施，就是要在经历和体验施工的基本过程中，发

图 3-2-7　准备布置毕业展

现和理解不同环节对解决问题的作用，掌握初步的工程实施方法和技能，逐渐形成工程思维。

1. 工程计划

工程计划是幼儿开展工程实践前的预测性分析和思考。通过计划，幼儿需要搞清楚施工的步骤，准备好实施中所需的工具和材料，同时还要思考可能会遇到什么困难以及如何处理等问题。

工程计划是引导幼儿对"施工"的一种提前规划。它并不要求计划周全和详细，只需做出大致的预测和准备即可。然而，这一分

析思考过程却是不可或缺的。为了支持幼儿更好地制定工程计划，我们需要做好以下两点：

第一，勘察施工环境。计划前，教师和幼儿一起"勘察"施工环境。"勘察"即仔细观察并记录，是深入调研的关键步骤。引导幼儿观察施工现场，思考施工环境的内容、特征以及缺失元素与位置安排等问题，用问题启发幼儿思考现场环境与建造实物之间的关系。同时，为幼儿准备记录本，在勘察过程中，根据需要使用测量、比较工具，提醒幼儿用纸笔、拍照、录音录像等多种方式记录。

例如：在大班的"建造光明索道"这一 STEAM 项目式学习活动中，小朋友们逐一考察幼儿园的各个场地，经过充分的对比、考虑和讨论，来确定哪里适合建造索道。

沙池	草地	滑梯	树屋	操场
沙池太小地方不够	树与树之间距离刚好	滑梯位置太窄	树屋高度不够	操场地板太硬
✕	√	✕	✕	✕

图 3-2-8　勘察索道环境

幼儿先以自身作为测量工具，确认索道选择的位置是否合适，再尝试用自己的力量推动树来检测树的稳固性。经过这些步骤，最终确定在花园的两棵大树之间建造索道。

图 3-2-9　确定索道施工地址

第二，进行预测性讨论。"勘察"后与幼儿进行预测性讨论，这是工程计划的关键步骤。教师引导幼儿根据记录发表对施工的想法，并充分讨论，依据讨论结果与幼儿共同制定初步的施工计划。

以下是教师和幼儿可以开展预测性讨论内容的思维导图。

- 预测实施步骤
  - 开始阶段任务
    - 确定项目启动关键行动
    - 如搭建树屋先清理场地杂物
  - 中间阶段任务
    - 规划主体构建流程
    - 例如对树屋进行框架搭建
  - 结尾阶段任务
    - 明确收尾工作要点
    - 例如对搭建的树屋进行装饰与检查
- 施工时间
  - 整体时长预估
    - 根据项目复杂程度估算天数
    - 搭建树屋预计3—5天完成
  - 时间具体规划
    - 按工作日或时间段分配任务
    - 第一天清理场地，后续搭建
- 所需工具材料
  - 工具清单列举
    - 木工工具：锯子、锤子等
    - 测量工具：尺子、卷尺等
  - 材料清单列举
    - 搭建材料：木板、钉子等
    - 辅助材料：绳子、胶水等
  - 工具材料获取地
    - 园内：幼儿园仓库
    - 园外：附近五金店
- 可能出现的困难
  - 天气问题应对
    - 雨天：准备雨具、暂停户外工作
    - 大风：加固材料、避免高空作业
  - 材料问题应对
    - 材料缺失：联系供应商补货
    - 材料损坏：检查更换材料
  - 其他问题应对
    - 工具故障：备用工具替换
    - 人员变动：及时调整分工
- 任务安排
  - 具体任务梳理
    - 搭建任务：负责结构搭建
    - 装饰任务：负责外观美化
  - 人员分工策略
    - 按技能：木工、美工分工
    - 按兴趣：自主选择任务
  - 小组划分方式
    - 人数均衡：每组4—5人
    - 能力搭配：强弱组合互助

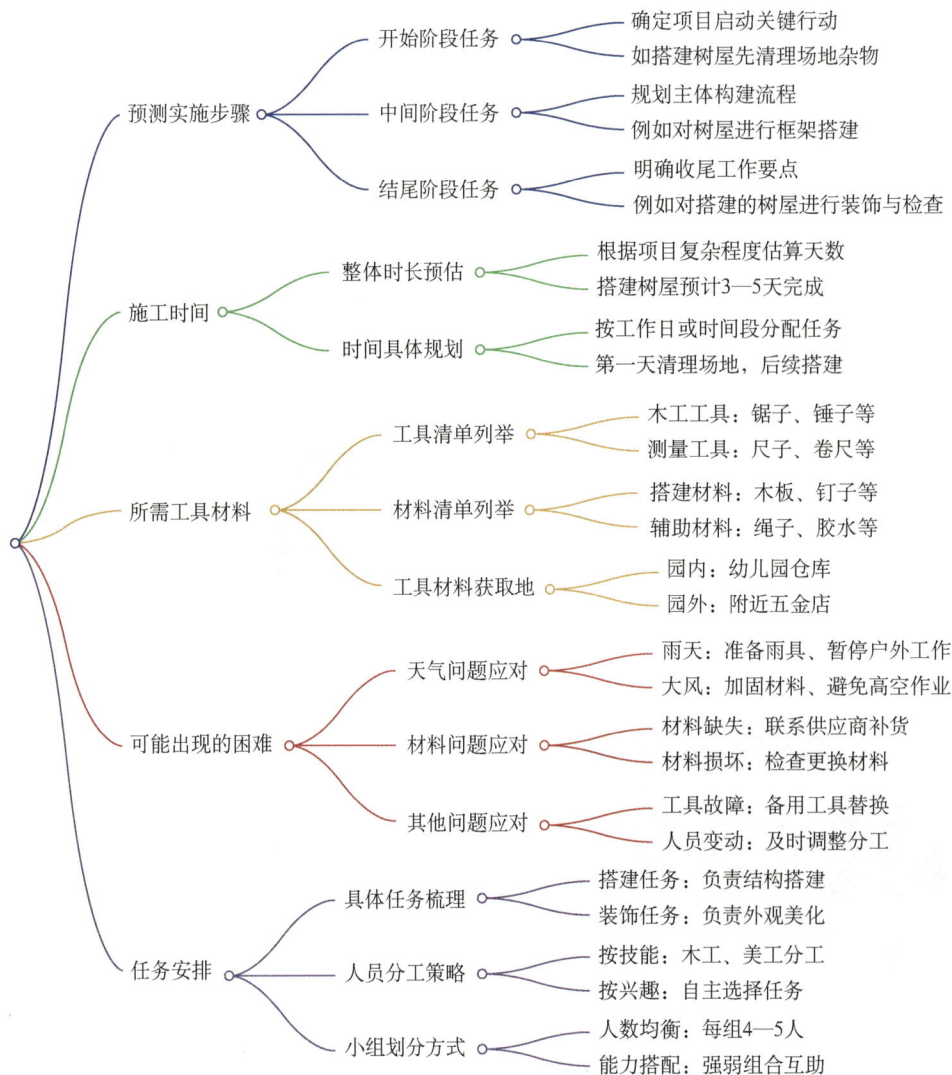

图 3-2-10　预测性讨论内容的思维导图

预测性讨论需引导幼儿基于记录进行分析，阐述个人见解与依据，避免无根据的臆想。

最后要和幼儿一起完成简明的施工计划。施工计划要包含主要信息，如工程项目名称、负责班级、联系人及方式、施工时间等。该计划要在施工现场张贴出来，并广而告之，让幼儿获得真实的现场感。

图 3-2-11 绘制、张贴索道施工牌

"光明索道"马上要施工了，教师和小朋友们围绕"施工需要准备什么？"进行了讨论。除了工具、材料、人员和时间安排等事项外，小朋友们还提出了施工安全和提前预告的问题。

元杰：要把材料运到施工现场。

阳阳：我们还需要在施工现场布置警示标志，不能让其他人随便进来，会很危险的。

元杰：进去的施工人员还需要佩戴安全帽。

楚楚：上次幼儿园草地维护的时候，围了红白相间的警示线，施工应该也要。

可盈：我觉得这样还不够明显，我看到过施工现场都有施工牌子，告诉别人我们在做什么。

图 3-2-12 施工标志

2. 工程实践

工程实践是幼儿依据计划在施工现场进行"建造"或"制作"的过程，是真正动手解决问题的环节。工程实践既是对工程计划的执行，也是解决问题的实际操作。在实践中，幼儿将综合运用前期探究、设计、建模等环节积累的经验，实现经验的迁移。从培养幼儿工程思维的角度，教师可从以下三方面帮助幼儿开展工程实践．

第一，对照计划实践。工程计划指导工程实施，幼儿对照计划施工，体现了工程思维。由于计划具有预测性，无法完全反映实际施工情况，教师不仅要引导幼儿按照计划施工，还要鼓励他们在施工过程中根据实际情况修改、完善计划，进一步培养他们的计划意识。

第二，在尝试验证中实践。幼儿进行工程实践具有"试误性"，他们需要在反复尝试和失败中，判断方案是否可行。这种"试误"会产生新的问题情境，促使幼儿深入思考和探索，是一种有价值的失败。教师不要期望幼儿能顺利完成工程，要重视他们的"失败"，引导幼儿在失败中尝试和验证。但当幼儿反复"试误"仍无法解决问题，出现挫折感时，教师要及时给予明确指导，帮助他们解决问题。

第三，在分工合作中实践。所有工程实践都离不开分工合作，合作能力是幼儿在工程实践中需要培养的重要能力。教师要引导幼儿明确工程任务，然后和他们一起讨论如何分工分组。分组形式灵活多样，分组既可由教师引导，也可让幼儿自主商讨。幼儿可依据兴趣自由选择小组，且在工程推进中享有调整的权利。教师应确保每位幼儿都能投身工程实践，借助小组合作、同伴互动、独立创作等途径，全面满足幼儿多样化的成长需求。

例如：在大班 STEAM 项目式学习活动"自制水车"的施工中，小朋友们分成三组，分工合作制作小溪的水车。

材料组：清点、测量水车材料的大小、长度；

切割组：对水车各个结构大小进行切割；

安装组：组装小溪的水车。

a：材料组

b：切割组

c：安装组

图 3-2-13　分工合作制作水车

3. 工程检查

工程检查是工程实施的最后一个环节，主要是对工程进行"验收"，检查是否按计划完成工程、解决问题，以及还有哪些问题需要进一步处理。这一环节看似简单，实则包含丰富的学习内容。在开展工程检查时，我们可以融入多种评价方式。

第一，自我评价。首先让幼儿自己对完成的工程项目或产品进行试玩和试用，引导他们说一说：哪些地方做得好，哪些地方还可以改进，是否解决了最初的问题等，从而培养幼儿的自我评价能力。

第二，互相评价。邀请其他班级的小朋友进行试玩和试用，并对他们进行调查采访，请小朋友们提出意见和建议，还可以用贴纸、绘画等形式进行评价。通过这种方式，引导幼儿学会倾听和考虑他人的想法，培养互相评价的能力。

第三，专家评价。邀请老师、家长来参观和检查，老师和家长扮演"专家"的角色。幼儿在讲解自己的工程项目时，可邀请成人对项目进行评价。

幼儿园还可以成立由老师、家长和幼儿共同组成的工程验收小组。工程完工后，由工程验收小组组织验收，并颁发结项证明、验收证书等，让幼儿充分体验到完成工程的喜悦和兴奋。

图 3-2-14　验收"光明索道"工程项目

图 3-2-15 验收成功 颁发证书

三 在工程实施中如何运用工具和材料

（一）工具材料的类型

工具和材料是助力幼儿工程实践的关键要素。在幼儿 STEAM 项目式学习活动中，工具和材料是极为重要的元素，它们贯穿探究阶段和工程设计阶段的全过程，对幼儿发现问题和解决问题具有重要的影响。

虽然工具和材料是两个不同的概念，但在实际的探索中，两者的使用往往相互交织、难以分割。有时候幼儿会把工具当作材料使用，有时候材料也会充当工具的角色。因此，我们不再严格区分两者的界限，而是将其作为一个整体来看待。

工具和材料为幼儿的探究和工程实施提供了方向和可能性。教师要为幼儿提供丰富多样的工具和材料。根据不同的使用类型和场景，我们将这些工具和材料划分为科学探究和工程制作两大类，并列举了各类别中的基础工具和材料清单。

表 3-2-1　不同类型的工具和材料

	工具和材料
科学探究类	物理现象：基础工具材料有生活中常见的水、木、纸、土、沙、石、金属等；光相关的有蜡烛、反光镜、显微镜、放大镜、手电筒、火柴、灯泡等；声相关的有纸杯、棉线、响板、各种铃铛等；电相关的有电　池、灯泡、玻璃棒、纸屑、吸管、塑料笔杆、梳子、塑料、气球、直尺、皮毛、丝绸等；磁相关的有磁铁、小铁钉、铁砂、螺丝、曲别针、图钉、钢笔、钥匙、金属瓶盖、指南针以及其他金属等；浮力相关的有容器、鸡蛋、钉子、海绵、石头、塑料膜、泡沫、乒乓球、橡皮泥等；弹力相关的有小球、弹簧、橡皮筋、弹弓、皮球、细线等；风力相关的有风车、风扇、电吹风等；摩擦力相关的有斜坡、各类小车、各类形状大小不一的球、轮子、轨道、毛巾、卷尺、直尺、斜面、杠杆等。 化学现象：实验器材包括锥形瓶、烧杯、量杯、玻璃棒、PH 试纸、橡胶手套、防护镜、笔、观察记录表等；实验用品有小苏打、白醋、泡腾片、色素、食盐、各种植物油、脂类、牛奶等。 动植物：动物有生活中常见的小鱼、虾、蟹、蚯蚓、蜗牛、乌龟、蝌蚪、兔子等；植物有供幼儿观察和探索的花卉、蔬菜，以及各种植物的根、茎、叶、花、果实、种子，还有幼儿种植和护理工具，像花盆、泡沫箱、塑料膜、复合肥、营养土、小锄头、小铲子、浇水水壶等
工程制作类	木工类：棉线手套、锯子、平口螺丝刀、十字螺丝刀、锤子、刨子、美工刀、壁纸刀、长短粗细不同的钉子、螺丝、木板、树枝、木条、雪糕棒、木胶等。 建造类：纸板、木板、铁丝、长短粗细螺钉、塑料线绳等。 制作类：各类绳子、毛线、剪刀、毡子、金属丝、布胶带、装饰小零件等。 相关工具：尺子、秤、量杯、量筒、钟表、照相机、显微镜、放大镜、望远镜、筛子、漏斗、榨汁机、搅拌机等

以上工具材料仅为教师们提供一个参考清单，教师需根据班级幼儿开展 STEAM 项目式学习活动的实际需求，在此基础上进行灵活补充和完善。

在工程实施阶段，工具材料的恰当运用对解决问题至关重要。同时，教师应认识到，幼儿对工具材料的探索和使用是 STEAM 项目式学习活动不可或缺的一部分。

（二）如何使用工具材料

在工程实践中，幼儿如何才能更好地使用工具材料呢？

1. 引导幼儿对工具材料自由探索和尝试

在工程计划环节，幼儿对要用到什么工具和材料已经有了自己的想法。这时需要鼓励幼儿按照自己的预测和想法，尽可能搜集可能用到的工具和材料，并进行大胆的尝试。对于幼儿园中没有的工具和材料，可以寻求家长的帮助。这一阶段要给幼儿预留充足的时间和空间自由探索，丰富幼儿使用工具和材料的经验。

例如：在大班的"建造树屋"这一 STEAM 项目式学习活动中，小朋友们觉得可以用树枝来搭建树屋的框架。于是，他们去收集树枝，并尝试用不同粗细、长短的树枝进行组合。在这个过程中，他们发现有的树枝太脆容易断，有的树枝又太长不好操作。通过不断尝试，他们积累了很多使用树枝这种材料的经验。

2. 组织幼儿对工具材料进行讨论分析，深化认知

经过充分的使用，幼儿发现有的材料用起来得心应手，有的却不太好用；有的工具方便快捷，有的却让人犯难。这时候，教师要组织幼儿一起讨论：为什么会这样呢？好用的材料有什么特点呢？方便的工具为什么更好用呢？围绕这些问题展开的讨论，能引导幼儿更深入地探索材料的性质、作用及工具的功能和使用技巧。

例如：在大班 STEAM 项目式学习活动"制作桥梁"中，小朋友们使用了各种材料来搭建桥梁。在讨论时，他们发现用纸板做的桥面容易弯曲，而用木板做桥面则更坚固；还发现用热熔枪粘贴材料比用胶带粘贴更牢固。教师要和小朋友们一起对这些发现进行总结，把使用过的工具和材料的主要特点整理并记录下来，在班级环境中呈现，方便小朋友们回顾，加深印象。

3. 引导幼儿根据工程实践要解决的问题有目的地选择和使用工具材料

当幼儿对工具材料的性质和特点有了比较深入的了解之后，教师就要帮助他们把工具材料和要解决的问题紧密联系起来。让幼儿学会根据不同的问题情境正确选择和使用工具材料，这是他们迁移运用之前积累经验的重要阶段，也反映了他们对工具材料使用方法的掌握程度。

例如：小班 STEAM 项目式学习活动"如何用紫苏给帆布包染色"中，教师提供了丰富的可选择材料，

小朋友们摆弄各种紫色的蔬菜水果及其辅助材料，如紫苏、紫贝菜、紫甘蓝、紫薯、白菜、包菜、紫皮茄子、胡萝卜、洋葱、上海青以及柠檬、盐、糖等；工具则有研磨杯、榨汁机、筛子、电煮锅等。教师引导小朋友们通过不断地尝试和操作，给帆布包染出了漂亮的颜色。

图 3-2-16　用植物制作染色剂

需要注意的是，在自由探索阶段，如果幼儿操作一些难度较大且可能有危险的工具材料，比如使用锯子、剪刀时，教师一定要给他们示范正确的使用方法，并且在旁边给予支持和保护。但工具材料的选择仍应让幼儿自主完成。这样，他们既能在安全环境中探索，又能发挥主动性和创造性，更好地掌握使用技巧。

第三节　迭代：在使用中持续改进和优化

在实施的最后阶段，幼儿通过验证和评价"产品"来确定是否真正解决了问题。然而，即便幼儿已经成功设计并制作出"产品"，在投入使用后，仍可能遇到新的问题。这时，他们需要再次投入新一轮的探究、设计、模型调整及实践验证中。这一系列步骤，我们称之为"迭代"。那么，如何理解迭代？如何对此给予有效的支持？这是本节要探讨的核心问题。

一　什么是迭代

"迭代"一词最早源于计算机科学，指的是通过重复执行和叠加的程序逐步达到最终目标或结果。迭代不仅仅是一个过程，更是一种方法。它强调通过不断地重复和优化，逐步接近并实现目标。

虽然在不同领域中，迭代的具体步骤可能有所不同，但其核心思想始终是"重复循环、逐步优化"。

在 STEAM 项目式学习活动中，迭代思维尤为重要。它帮助幼儿通过反复验证、积极尝试和不断反思来解决问题。幼儿在迭代过程中逐渐理解，即使已经设计出"产品"，仍然可以通过不断优化来提升其功能和效果。这种思维方式不仅培养了幼儿的工程思维，还锻炼了他们不怕困难、勇于挑战的学习品质。

在幼儿的 STEAM 项目式学习活动中，迭代包含以下三个核心含义。

✔ 循环过程：每一次迭代，幼儿都要经历发现问题、重新设计、修改模型、操作实施和验证检查等一系列环节。每个环节的成果都是下一环节调整优化的基石，形成幼儿学习的完整闭环，促进他们逐步掌握解决问题的技巧。

✔ 实践反思：迭代强调通过实际操作来检验设计和模型的可行性。同时，反思也是迭代的重要组成部分。反思让幼儿发现产品使用中的缺陷，从而驱动他们开始新一轮的探究与工程迭代。

✔ 改进优化：迭代不是简单地重复，而是一个逐步优化、接近目标的过程。每次迭代，幼儿需观察产品效果，反思缺陷，改进方法，实现产品优化。迭代的最终目标是让幼儿在不断地尝试中逐步提升"产品"的功能和效果。

例如：在中班 STEAM 项目式学习活动"自制沥水架"中，沥水架制作完成并投入使用后，小朋友们餐后会主动将洗净的餐具放置其上。然而使用几天后，大家发现了一些不便之处，随即展开讨论，共同寻求解决办法，看看怎样才能增强沥水架的实用性。

问题 1：沥水架太高了，我够不着怎么办呢？

润润：我觉得沥水架太高了，我够不着。

炳杰：我要踮着脚才能放上去。

恩恩：那就高的小朋友把餐具放在上面一层，矮的小朋友把餐具放在下面一层吧。

陈希：可以把沥水架的腿剪短一点，那就矮了。

图 3-3-1　幼儿在使用中发现了沥水架的问题

问题 2：沥水架的缝隙太大了，盘子容易掉下来。

思莛：我发现沥水架的缝隙过大，导致盘子容易滑落。

恩悦也表示赞同，认为缝隙应该调小一些。

教师与小朋友们就沥水架的摆放位置、尺寸进行了讨论并重新进行测量、设计和建模。有了上次的经验，他们很快就剪裁 PPC 管、再次熟练地拼接，第二代沥水架完美完成。

图 3-3-2　设计、建模和制作第二代沥水架

图 3-3-3　第二代沥水器

二　如何支架幼儿的迭代过程

迭代作为 STEAM 项目式学习活动中的重要思维过程和实践方法，需要幼儿在工程实施中经历多轮循环才能逐渐掌握。因此，教师的支持显得尤为重要。以下是支持幼儿迭代过程的两个关键策略。

（一）重视回顾与反思

回顾与反思是幼儿学习过程中不可或缺的环节。它不仅帮助幼儿将浅层的感受转化为可迁移的经验，还能培养他们的自我调节能力。通过回顾自己的行为，幼儿能够预测行动的结果，学会控制和调整学习过程。

更重要的是，回顾与反思能够培养幼儿的元认知能力。简单来说，元认知就是"对思考的思考"。有了这项能力，幼儿就像拥有了一个"学习小管家"，能够清晰地规划学习目标，随时查看自己的学习进展。元认知是培养幼儿高阶思维的重要基础，通过讲述自己的经历、分析遇到的问题，幼儿可以不断优化学习计划，逐步学会主动调整学习方法。

为了帮助幼儿更好地进行回顾和反思，教师需要做好以下两点。

1. 明确迭代过程中回顾反思的关键节点

在迭代的每一个至关重要的环节，诸如发现问题之际、设计修改之时、模型调整之后以及操作验证之时，教师应适时引导幼儿开展深入的回顾与反思活动，如表 3-3-1。

表 3-3-1　迭代过程回顾反思

关键节点	回顾反思	举例
遇到问题时	回顾之前的问题，观察思考新的问题	上一次为什么没有出现这个问题？（回顾比较） 这个新问题是怎么出现的？你觉得可能是什么原因？（观察反思）
操作尝试后	要回顾过程，思考过程和结果的联系	这一次你是怎么做的？发生了什么？（回顾操作过程） 这次做的结果和你原来的想法一样吗？（思考联系）
每次迭代后	对比差异和变化，总结优化、改进的要点	这一次做的和上一次做的有什么不一样？（回顾比较） 你觉得这次更好的原因是什么呢？（思考总结）

2. 指向回顾反思的互动提问

通过关键性提问，激发幼儿的反思。

表 3-3-2　互动提问举例

指向过程的关键性提问	这次你修改了哪些地方？为什么要这样修改呢？（改进调整的目的）
	这次成功了吗（更好 / 失败了吗）？你觉得是什么原因？（建立因果）
	如果我们再试试，你想先修改哪里？（建立目标和计划性）
鼓励同伴合作反思	通过小组分享、集体展示等方式，让幼儿呈现迭代的作品或成果，幼儿在倾听表达中相互学习。
	你能和大家分享一下自己这次为什么做成功了吗？（回顾总结）
	他们是怎么修改的？和你的有什么不一样呢？（观察比较）
	你觉得你的改动和他们的方法哪个更好？为什么呢？（反思评价）

（二）可视化迭代的痕迹和过程

由于迭代是一个相对复杂的思考和实践过程，幼儿的认知水平和思维加工能力有限，因此"可视化"成为帮助幼儿理解迭代的重要手段。通过直观、简单、有趣的方式呈现每次尝试的变化和进步，幼儿能够更清晰地看到自己的成长。常用的方法如下：

1. 实物痕迹留存展示

在迭代过程中，幼儿会进行多次观察、绘制设计图和模型制作。每一次尝试都会有差异和变化。教师可以将这些实物和记录保存下来，并进行展示。

例如：可以设立"作品博物馆"或"展览馆"，并用标签明确标注作品的日期和版本号（如"驱蚊水 1.0""驱蚊水 2.0"），便于幼儿观察与对比。

除展示外，还应引导幼儿介绍迭代的实物，邀请家长和其他班级的小朋友参观。通过幼儿讲解，将内在思维外显，这一过程能加深他们对迭代的理解。

例如：在大班 STEAM 项目式学习活动"放线机器人"中，小朋友们通过迭代开发了 1.0 版和 2.0 版的机器人。2.0 版的放线机器人在灵活性、耐用性和艺术性方面都有显著提升，这得益于智能放线机器人技术的快速发展。小朋友们对 2.0 版的机器人表现出更大的兴趣，这与智能放线机器人在实际应用中提高效率和质量的趋势相吻合。

图 3-3-4　放线机器人的更新迭代

2. 运用可视化的工具

可视化工具如图像、图表和符号，能够清晰呈现迭代的过程。教师可以引导幼儿用照片、图画或简单图表记录每次尝试的变化，帮助幼儿梳理思路、深入思考。

用图表呈现迭代过程：展示每次改进的差异。

用图像或符号呈现迭代过程：帮助幼儿梳理思路，深入思考。

用照片呈现迭代过程：记录每次模型制作的变化。

3. 试错与反思的可视化

试错是改进优化的基础，也是引发幼儿思考和探索的动力。教师可以引导幼儿记录并分析失败的案例，利用表征、符号或语言清晰阐述"出错环节""根本原因"及"未来改进策略"，以此助力幼儿展现从错误中汲取教训的学习历程。

教师还可以与幼儿一同制作试错对比图表或故事板，借助表征、符号及语言，引导幼儿详尽描述"问题所在""探究缘由"及"未来行动计划"，从而直观地展现了幼儿从错误中学习的轨迹。

设计、制作、迭代这三个要素共同构成了幼儿 STEAM 项目式学习活动的关键阶段。每一个要素的开展都将幼儿的工程实践推向深入。其中为幼儿学习探究所提供的方法路径和思考过程，深刻地影响着幼儿工程思维和技能的形成，这也构成了 STEAM 项目式学习活动独特的魅力。

第四章　成果展示与运用阶段

第一节　产品的价值：服务他人，改变世界

　　幼儿 STEAM 项目式学习往往基于一个特定需求设定目标，这个目标通常表现为一个大的驱动性问题。大问题被分解成小问题，幼儿通过探究、设计、制作、检验、迭代等环节，逐一解决问题，最终获得成果。我们把这种成果称为"产品"。之所以将成果称为"产品"而非"作品"，是因为这些成果能够解决实际问题，具有一定的功能性。并且，"产品"一词更能体现幼儿在制作过程中考虑他人、服务他人的意识和能力。

图 4-1-1　产品——光明驱蚊水

一　产品对幼儿学习的意义

（一）制作产品的过程是一个深度学习的过程

　　幼儿在制作产品时，并非只是简单地动手操作，而是经历了一个从感知、思考到实践的复杂过程。在这个过程中，他们会不断探索、尝试，积极调动已有的知识和经验，并在遇到问题时主动寻找解决方案。这一系列行为都体现了深度学习的特征。深度学习强调

理解性学习、批判性思维以及知识的迁移运用，而产品制作恰好为幼儿提供了一个综合性的实践平台，使他们能够在真实情境中实现知识与技能的深度融合。

1. 问题解决的迭代性

在制作过程中，幼儿需要反复试错，例如调整材料结构、测试功能等。这促使他们主动观察现象、分析失败的原因，并尝试新的策略。这种基于真实情境的探究活动，推动幼儿从"动手操作"向"思考理解"转变。而思考和理解正是幼儿深度学习的直接体现，也是他们形成批判性思维和系统性解决问题能力的重要基础。

2. 跨领域经验的整合

产品制作天然融合了 STEAM 多领域的知识。例如在搭建"水车"时，幼儿需要理解空气动力（科学）、测量轮轴距离（数学）、设计车身结构（工程），并用绘画记录实验（艺术）。这种整合性实践打破了学科边界，让知识在真实情境中被主动建构。

3. 元认知能力的显性化

通过引导幼儿用图画、语言或角色扮演等各种表征手段回顾制作过程，帮助他们梳理经验，将零散的操作转化为可迁移的学习策略。这种反思使"隐性知识"显性化，标志着深度学习的发生。

由此可见，产品是项目成果的载体，其核心价值在于幼儿通过"做中学"形成了持续探索的思维习惯，这正是深度学习的本质。

例如，在中班 STEAM 项目式学习活动"光明驱蚊水"中，其项目来源是为防止被蚊虫叮咬，小朋友们决定研制一款安全有效的防蚊水。这个制作驱蚊水的过程就蕴含着小朋友们深度学习的契机。

在了解天然驱蚊材料的阶段，小朋友们主动查阅资料、询问老师，积极构建关于驱蚊材料的知识体系，这是深度学习中知识获取与理解的体现。

在反复试制环节，小朋友们不断调整材料的配比、混合方式等。每次失败后，他们都认真观察现象，分析是材料选择不当还是制作工艺存在问题，进而尝试新的策略。这一反复试错的过程充分展现了问题解决的迭代性，推动他们从单纯的动手操作向深度思考转变。

当成功研制出驱蚊水后，在对包装、产品说明书等的设计制作过程中，小朋友们又融合了艺术设计、文字表达等多领域知识，打破学科界限，实现跨领域经验的整合。最后，他们成功制作了一批以幼儿园名字为品牌的"光明驱蚊水"，还将其作为礼品赠予来访的客人们。

在整个项目中，老师还引导幼儿用绘画、讲述等多种方式回顾从开始到结束的全过程，帮助他们梳理经验，将制作过程中的隐性知识转化为可迁移的学习策略，实现元认知能力的显性化。

图 4-1-2　向客人赠送 "光明驱蚊水"

（二）真实可见的产品能强化幼儿的成功体验

1. 学习痕迹的可视化

幼儿在制作过程中留下的 "失败草图" "改良零件" 等实物痕迹，不仅是成果的组成部分，更是其思维发展的 "证据链"。教师可以引导幼儿对比不同版本的产品，帮助他们直观感知 "问题—解决" 的思维进阶过程。

2. 成果展示的二次学习

当幼儿向同伴演示作品功能时（如解释自制净水器的过滤原理），他们需要重组语言、回应质疑，这一过程促使隐性知识显性化。例如，在 "轨道小球" 展示活动中，幼儿可能会遇到 "小球跑偏" 的问题。这种基于实际操作的真实反馈，促使学习从个人制作迈向集体智慧的共同构建。

3. 成功驱动的持续探索

实体产品为幼儿的抽象能力提供了具象反馈：当幼儿亲眼见证自己设计的 "彩虹储物架" 投入使用时，他们的认知从 "我做了" 跃升至 "我能创造价值" 的新高度。这种切身的成就感将进一步激发他们迎接更复杂挑战的勇气。当幼儿发现储物架在使用过程中出现了新的问题时，他们会毫不犹豫地进行改良，这正是深度学习从外部引导转向内生驱动的关键标志。

产品的终极意义不在于 "结果完美"，而在于进一步激发幼儿的学习兴趣，激励他们产生发现问题、解决问题的愿望。

> 例如：幼儿园体育器械架里的器械容易混乱，取放时总会遇到麻烦。为了解决这一问题，小朋友们开始统计器械的品类和数量，反复测试不同的摆放方式，不断调整隔断的设置，并尝试用不同材料制作隔断。经过多次尝试和改良，他们最终合理改良了体育器械储物架，并将其命名为 "彩虹储物架"。

图4-1-3　产品——彩虹储物架

经过一段时间的使用，小朋友们观察到储物架存在两个问题：标识容易脱落，跳绳经常缠绕在一起。为此，他们主动提出了改进方案。

图4-1-4
彩虹储物架的标识掉落了

图4-1-5
跳绳缠成一团

"原来的标识牌太大，容易被碰掉。"于是，他们将标识牌的高度调整为与柜子隔层的厚度一致，这样贴牢后就不容易被碰掉。接着，他们进行了精确测量，制造出大小更合适的标识牌。

图4-1-6　重新测量尺寸做了大小合适的标识牌

对于跳绳，小朋友们耐心地将长跳绳和短跳绳进行了对比和分类，然后分别挂在"彩虹储物柜"的两侧。

图 4-1-7　短跳绳

图 4-1-8　长跳绳

二　幼儿如何建立产品意识

（一）什么是"产品意识"

在 STEAM 项目式学习中，"产品意识"是指幼儿从无目的操作转向有目标创造的过程中逐渐形成的一种认知能力，它包含三个关键维度。

1. 目标导向性

幼儿开始理解"作品"的意义，是通过满足特定需求的项目式学习来实现的，例如，设计"给植物做自动浇水器"，而不是随意拼插水管。教师通过提问"你想帮它解决什么问题？"，引导幼儿从"好玩"转向"有用"的创作思维。

2. 功能完整性

幼儿意识到产品必须具备可验证的功能（例如：风力小车要"真的能跑"）。他们会主动测试、修正作品（"轮子太滑了，贴毛糙布试试"）。这种从"像不像"到"能不能用"的转变，标志着他们工程思维的萌芽。

3. 用户服务性

中、大班的幼儿开始考虑他人的需求。例如，在设计"户外收纳箱"时，他们会观察同伴的身高来调整箱子的高度（"小班弟弟要能够得到"），并解释设计逻辑（"盖子做成斜坡就不会积水"）。这种从"我的作品"到"我们的工具"的视角转换，正是社会性发展的具象体现。

（二）如何帮助幼儿建立产品意识

1. 引导幼儿从生活中的需求着手

幼儿在生活中常常会发现一些问题或困难。教师可以引导幼儿为解决生活中的问题而形成产品，并支持他们将产品运用于生活中。同时，注重在使用过程中的维护，使产品更好地服务于生活。

例如：中班的小朋友在生活中发现，保育老师每天都要一个一个地擦干碟子，然后再放进消毒碗柜。他们不禁思考："我们有没有办法让老师不用这么辛苦呢？"有的小朋友观察到家里厨房有沥水架，于是提议："家里的沥水架比较小，我们可以做一个适合在幼儿园用的沥水架。"经过努力，中班的小朋友们成功制作出了"光明牌沥水架"。

图 4-1-9　光明牌沥水架

例如：我们在幼儿园观察到，小班的小朋友们在面对挑战时，通过不断尝试和改进，最终能够解决问题。他们尝试在木屋下搭建秋千，尽管最初采用碳化积木板拼接的坐板出现了松动问题，但通过小朋友们的共同努力，凭借创新思维找到了加固的方法，使得秋千得以安全使用。

图 4-1-10　维护秋千

图 4-1-11　荡秋千

产品因满足生活需求而诞生，并真正运用于日常生活中，这正是产品的价值所在。幼儿在制作、运用并维护产品的过程中，使 STEAM 项目式学习产生了更显著的学习价值。

2. 鼓励幼儿在运用中迭代

产品使用一段时间后，幼儿往往会发现一些问题。是选择放弃使用，还是解决问题呢？当然，我们应该鼓励幼儿解决问题，推动产品的迭代升级。

例如：在大班 STEAM 项目式学习活动"光明索道"中，小朋友们在玩过一段时间后，发现用树干做支架的索道摇晃得越来越厉害，时间长了还会影响树木生长。于是，他们重新选址，并研究如何建造稳固的立柱，最终完成了"索道 2.0 版"。

索道（1.0版）建设标志

索道（1.0版）试玩

图 4-1-12　光明索道（1.0 版）

索道（2.0版）建设标志

建成后的索道（2.0版）

图 4-1-13　光明索道（2.0 版）

3. 教师针对产品引发有价值的讨论

通过观察产品的使用情况，教师可以引发一些有价值的讨论。在这些讨论中，梳理出更高层次的产品需求，这往往能激发幼儿产生新的产品研发动机。

例如：从"放线器"到"放线机器人"的升级。中班的小朋友们巧妙地解决了编织区线团杂乱无章、相互缠绕的难题，创制出了"放线器"。在使用一段时间后，他们萌生了制作"放线机器人"的念头，目标是实现自动高效的收放线功能。于是，他们踏上了"放线机器人"的研发之旅，并在大班上学期成功研发出了三款"放线机器人"。

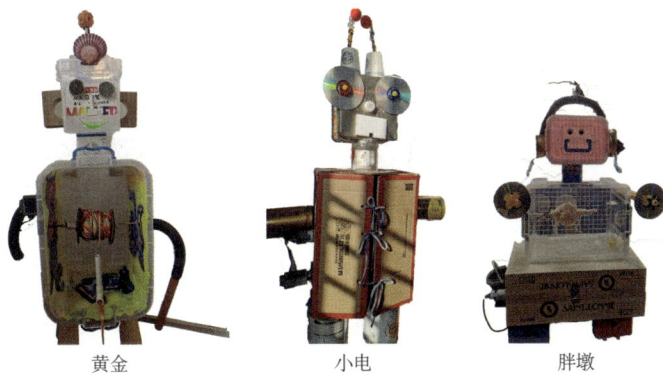

黄金　　　　　小电　　　　　胖墩

图 4-1-14　三款放线机器人

4. 通过支持幼儿的经验迁移做出新的产品

幼儿在一个项目式学习活动中获得的特定经验，会促使他们发现新的问题并产生解决这些问题的动机，进而研发出新的产品。

例如：做过"沥水架"的小朋友发现幼儿园公共区域的体育器械柜里有些凌乱，不方便取放器械，于是他们决定改造它。在前一个 STEAM 项目式学习活动中，他们积累的关于空间测量、间隔设计、材料特性以及制作模型的经验，在"改良体育器械柜"项目中得以进一步提升。

图 4-1-15
在发布会上展示改良体育器械柜的模型

5. 鼓励幼儿将产品推广运用

为了使产品发挥更大的价值，我们鼓励幼儿积极推广，让更多的使用者受益，从而加深他们对制作产品意义的理解，同时体验到成就感。

玩累了，就来树屋下
休息一下吧！

例如：户外休息凳做好了，在教师的鼓励下，中班的小朋友积极推广自己班级的产品，希望能让更多的幼儿受益。

图 4-1-16
在公共展厅展出并推广 "户外休息凳"（组图）

例如：教师还鼓励小朋友们将产品进行 "批量生产"。小朋友们制作了许许多多的驱蚊水，分送给各个班级。

制作产品说明书	制作产品包装盒
驱蚊水装瓶	驱蚊水装盒

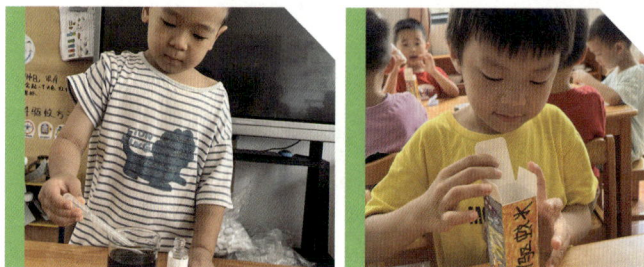

图 4-1-17　"批量生产" 驱蚊水（组图）

第二节　展示的意义：激发内在，发现力量

成果展示往往是整个 STEAM 项目式学习活动的高潮，也是幼

儿在整个活动中的"高光时刻"。在成果展示这一环节，教师要支持幼儿通过合适的途径将产品展示和推广给更多人，并鼓励幼儿通过可视化、游戏化、互动化的方式，将项目探索过程中的经验碎片（想法、失败、调整、创造）展示和表达出来，"让学习看得见"。

图 4-2-1 让成果展示成为 STEAM 项目式学习活动的高潮

一　成果展示的对象和形式

（一）成果展示的对象

成果展示的对象通常是与活动相关的幼儿和成人。

1. 以幼儿为展示对象

针对幼儿群体的展示活动，主要包括班级内部展示以及覆盖全年级乃至全园的广泛展示。如果一个项目由不同小组根据各自的设计产生了多种产品，那么在班级内分享和展示就非常合适。面向班级内幼儿的展示，虽然影响范围相对较小，但展示者和展示对象都是该项目的参与者，对项目的目标和执行过程非常熟悉，因此可以引发更深入的交流和思考。

例如：在中班 STEAM 项目式学习活动"小球轨道"中，全班分成了纸质组、乐高组、轻黏土组。为了更好地向同伴阐述和展示产品，更充分地试玩和讨论，这个项目的产品展示会是面向班级内幼儿开展的。

图 4-2-2　班级内展示小球轨道（组图）

如果产品的使用涉及全年级或全园幼儿，需要广泛宣传，则要面向全年级幼儿或全园幼儿进行展示。同样，如果期望在全园推广和运用该产品，需要这种更大范围的展示，可以邀请各班级幼儿以及更多成人参加展示活动。

例如：在沥水架产品发布会上，幼儿邀请了其他班级的教师代表参与剪彩。几位老师在发布会上直接下了订单。此后，多个班级都用上了沥水架。

图 4-2-3　各班教师来为沥水架产品发布会剪彩

图 4-2-4　各班用上了沥水架（组图）

2. 以成人为展示对象

以成人为对象的展示分为面向家长的展示和面向专家或其他成人的展示。

如果幼儿在研发产品的过程中寻求过家长的支持，那么，我们就需要特别安排面向家长的展示活动，与家长分享成果。家长是幼儿的"学习合伙人"，在很多项目式学习活动过程中，他们与幼儿一起探讨、查证，寻找材料和工具，进行调查等。以遮雨遮阳棚为例，该产品的使用与家长的相关度较高，因此也需要邀请家长参加展示活动。

如果在问题解决的过程中获得了专家或其他成人的指导和帮助，则应邀请这些成人也参加展示活动。这里所说的专家，是指在工程、技术、材料等领域具有专业知识，能够为幼儿提供指导和帮助的专业人士。幼儿园的园长在某些 STEAM 项目式学习活动中也发挥了关键作用，例如在幼儿项目选址、工程所需的大型材料、场地使用等方面，需要得到园长的支持。如果希望将该产品向更广泛的群体展示以获得更大的影响力，成果展示活动还可以面向社区工作人员、其他幼儿园的教师、社会人群等。

图 4-2-5 家长参与植物标志介绍会后反响热烈（组图）

3. 同时面向幼儿和成人的展示

幼儿在讨论参与对象时，常常会希望邀请全园的幼儿和教师、全班的家长都来参加，向他们展示自己了不起的成果。这时，教师需要提醒幼儿结合展示的形式、地点、场景等因素来进行讨论，从而确定邀请对象。例如，如果场地有限，无法邀请全园幼儿，那么就可以邀请每个班的代表前来参加。

例如：年级组组织了绘本剧项目式学习活动，从选定绘本、编撰剧本、分配角色、设计制作服装及道具、排练合成，到最后呈现在舞台上，教师和家长一直在关注和支持小朋友们。所以，最精彩的表演一定要有家长和教师们来当观众！

图 4-2-6　小朋友、家长和教师们齐齐参与绘本剧表演

为了确保成果展示的效果，同一个项目式学习活动的成果展示可以根据不同的展示对象分多场次举行。例如，"我的毕业展"可以分设"学弟学妹专场""父母专场"等场次来举行。

（二）成果展示的形式

常用的成果展示形式可分为动态展示、静态展示、互动类展示三种。

1. 动态展示

动态展示主要包括产品发布会（如"沥水架"）、新闻发布会（如"龙眼鸡科普书"）、宣讲会（如"幼儿园里的植物标识牌"）、戏剧表演（如"绘本剧《三只小猪》"）等。在这类展示活动中，产品的制作者不仅需要在活动前做好充分准备，还要在展示过程中保持活跃。

2. 静态展示

静态展示主要包括主题展览（如"我的毕业展"）、公共宣传品展示（如"惜米运动"）等。此类展示活动特别注重策展与布展的艺术性，展览开幕式需要营造出浓厚的仪式感。在较长的展览周期内，持续的维护工作也是必不可少的。

图 4-2-7 "我的毕业展"在艺术客厅正式展出

图 4-2-8 毕业展导览图

图 4-2-9
毕业展上的项目成果展示

图 4-2-10
毕业展之"我心目中的小学"

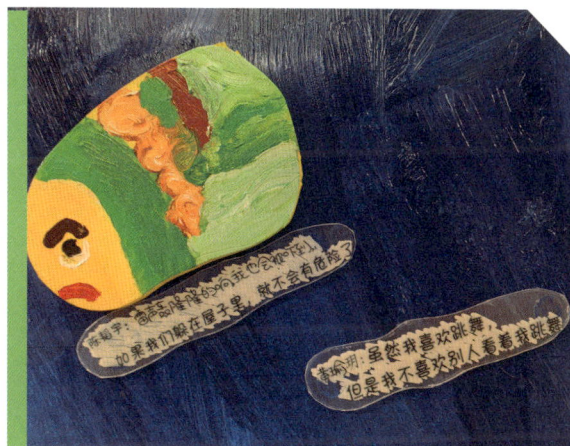

图 4-2-11
毕业展之"独一无二的我"（局部）

3. 互动类展示

互动类展示包括产品展示会（如"放线机器人"）、竣工仪式（如"光明索道""改良体育器械柜""能防雨防晒的停车场"）等。此类展示活动以其强烈的互动性为特点，使展示对象能够亲身参与体验，从而极大地激发他们的积极性，并增强体验感。

下面将通过表 4-2-1 来列举与各种 STEAM 项目式学习活动相适宜的成果展示对象和成果展示形式。

表 4-2-1　列举成果展示的对象与形式

展示类别	展示形式	项目名称	年龄	展示地点	展示对象
动态展示	产品发布会	沥水架	中班	教室	各班幼儿和教师代表、本班家长代表
	新闻发布会	龙眼鸡科普书	中班	幼儿园操场（全园晨会）	全园师生、本班家长代表

（续表）

展示类别	展示形式	项目名称	年龄	展示地点	展示对象
动态展示	宣讲会	幼儿园里的植物标识牌	大班	幼儿园户外场地	本班全体家长、本班师生
	戏剧表演	绘本剧《三只小猪》	大班	幼儿园音乐厅	全年级家长、全年级师生、应邀园外教师
静态展示	主题展览	我的毕业展（学弟学妹专场）	大班	幼儿园"艺术客厅"	全园师生
		我的毕业展（父母专场）			大班家长
	公共宣传品展示	惜米运动	混龄	餐厅等公共场所	餐厅等公共场所人员
互动类展示	产品展示会	小球轨道	大班	本班级教室	本班幼儿及各班幼儿代表
	产品展示会	放线机器人	大班	幼儿园音乐厅	各班幼儿和教师代表、专家
	竣工仪式	光明索道	大班	索道现场	各班师生代表、家长代表、专家、协助施工的成人代表
	竣工仪式	自制水车	大班	水车现场	本班家长代表、各班师生代表

当幼儿确定了成果展示形式后，教师需要对重点展示的内容和基本环节进行前期思考，从而更好地支持幼儿进行成果展示。表 4-2-2 是对几种常见展示形式的重点展示内容和基本环节的梳理。

表 4-2-2　几种常见展示形式的重点展示内容和基本环节

展示形式	重点展示内容	基本环节	项目举例
主题展览	√ 突出开幕式的仪式感 √ 由导览员导览，每一部分由相应的解说员向观众进行现场解说	展览策划—布展—开幕式—按期展览—闭展—整理环境及展品—回顾活动	我的毕业展

（续表）

展示形式	重点展示内容	基本环节	项目举例
产品发布会	√ 展示成品并介绍项目式学习活动过程 √ 剪彩 √ 现场签收订单	活动策划及分工—分组准备并发出邀请—布置会场—举行发布会活动—整理并回顾活动	沥水架
产品展示会	√ 分组进行产品演示，突出介绍设计思路和制作过程 √ 现场交流	活动策划及分工—分组准备并发出邀请—布置会场—举行展示会活动—整理并回顾活动	放线机器人、小球轨道
新闻发布会	√ 将产品多形式多渠道呈现 √ 注重后续宣传效应	活动策划及分工—分组准备并发出邀请—布置会场—举行发布会活动—整理并回顾活动	龙眼鸡说明书、失物招领站
竣工仪式	√ 工程（产品）安全及质量验收 √ 剪彩 √ 工程（产品）现场试用	活动策划及分工—分组准备并发出邀请—准备好现场—按现场分工举行仪式，确保现场秩序和安全—产品试用（试玩）—整理并回顾活动	索道、能防雨防晒的停车场、改良体育器械柜、户外休息凳
公共宣传品展示	√ 宣传品及宣传方式 √ 选定恰当的场所和宣传对象	活动策划及分工—分组准备—活动场所考察—开展宣传活动并发放宣传品—整理并回顾活动	惜米运动

二　如何用项目的方式进行成果展示

　　成果展示活动，实际上也是一个小的 STEAM 项目式学习活动，它同样是从引发问题——"我们要做一个什么样的成果展示活动"开始的。以终为始，幼儿开始策划、设计、优化、实施……通过成果展示活动，幼儿能够进一步梳理和回顾整个学习过程，不仅

强化了新获得的经验，还激发了新的学习动力。最终，他们将通过真实的项目成果，充分展示自己在知识和技能上的掌握程度。[1]

　　下面以大班 STEAM 项目式学习活动"放线机器人展示会"为例，来看看幼儿是怎样通过完整的项目式学习过程来开展学习的。

1　美国巴克教育研究所：Buck Institute For Education，PBL works

（一）探究阶段

以"如何宣传我们的放线机器人"为问题导向，教师先引导幼儿回顾学习过程，讨论该项目式学习活动中的关键点（困难）和学习成果，这将是成果展示的重要内容。除成果的载体——产品以外，还要整理和筛选项目式学习活动过程中的设计稿、模型、试制品、半成品及阶段性成果等等，商讨出最适合的展示形式。

"如何宣传我们的放线机器人？"通过讨论，小朋友们决定：＊月＊日在音乐厅举行一次放线机器人展示会，邀请各班小朋友代表、刘叔叔（专家）、园长参加。可以通过粘贴海报和发放邀请函的方式宣传放线机器人以及展示会。关于"海报的粘贴地点以及内容""邀请函的发放方式"，小朋友们也展开了更加细致的讨论。讨论后，大家决定多制作几份海报，在人多的地方粘贴，并在晨会上向所有教师和小朋友发放邀请函。

图 4-2-12　制作海报

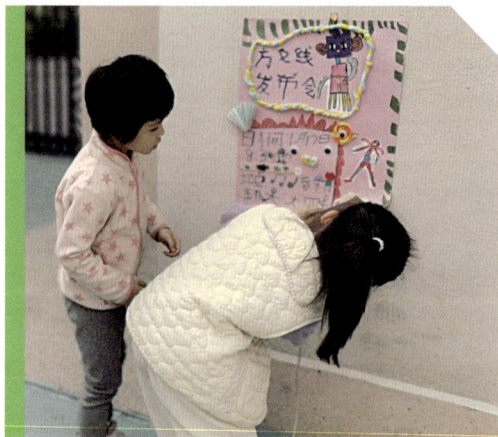

图 4-2-13　张贴海报

（二）工程设计与实施阶段

接下来，幼儿开始策划（设计）展示活动。策划内容包括准备展示会所需的物料（包括产品、过程性成品、部件、材料和工具等）、制定产品展示会的程序、布置和整理活动现场等。在此基础上全班幼儿进行小组分工。

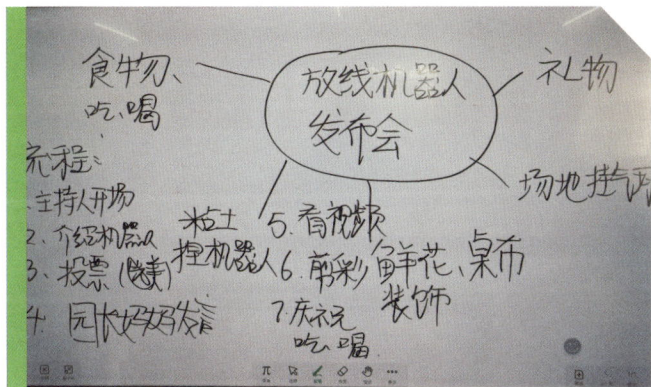

图 4-2-14　讨论并记录关于"放线机器人发布会"的想法

　　小朋友们考察了展示会的地点——音乐厅，商讨了发布会的流程，布置了发布会的会场，并为参会的来宾准备了礼物。黄金机器人组负责场地布置（包括桌椅摆放、装饰物布置、请教师帮忙制作背景 PPT 等），电话机

器人组负责准备礼物，胖墩机器人组负责制作海报和邀请函。小朋友们还选出了展示会的主持人和各组负责介绍本组产品的小朋友代表。

图 4-2-15　制作礼物

图 4-2-16　布置场地

教师要鼓励幼儿进行艺术与创意表达，引导幼儿运用艺术元素来增强展示效果，鼓励幼儿表达产品的创新点，与此同时，还需激发幼儿团队合作的精神，并为他们之间的沟通交流创造更多的机会。

教师建议在展示会上开展"机器人大比拼"活动，目的是展示每个产品的优势与不足。随后，教师邀请小朋友们讲解各自产品优势背后的原因，并鼓励他们在展示会后互相交流学习技术。

图 4-2-17
小组选派的代表介绍放线机器人"胖墩"

（三）成果展示与运用阶段

准备就绪，教师组织幼儿开展成果展示活动。

"你好，放线机器人！"展示会如期举行。展示会上，主持人介绍了整个项目式学习活动的时间线索。三个小组分别设计出了名叫"黄金""胖墩""小电"的放线机器人，并请三个小组的代表依次介绍他们的产品。全班小朋友、教师和嘉宾共同为发布会剪彩。主持人邀请展示会的嘉宾亲身体验操作放线机器人，促进了嘉宾们与产品制作人之间的现场沟通与互动。

图 4-2-18　全班小朋友和教师、嘉宾为发布会剪彩

成果展示活动结束后，教师组织幼儿进行讨论和活动回顾。回顾在成果展示活动各环节中幼儿出色的表现、遇到的困难以及解决的办法、获得的帮助、取得的成功，以此总结并提升幼儿的经验，体验成就感。教师再结合自身对活动的反思与评价、家长及其他相关成人的反馈，做好成果记录。

教师的记录："在成果展示阶段，小朋友们讨论了宣传放线机器人的方式和活动名称。确定举办展示会后，他们利用思维导图的形式记录了活动的流程、需要准备的事项、邀请的方式等。邀请函与海报的设计内容也是每个小朋友需要考虑的。小朋友们费尽心思设计吸引眼球的海报，力求让更多人参与到发布会中。在这个过程中，他们的审美能力得到了显著提升。每位小朋友都满怀热情地介绍了自己小组的机器人，并通过投票选出代表，在展示会上大放异彩。这一过程不仅让他们有机会反思遇到的问题，还极大地锻炼了他们的语言表达能力。小朋友们考察场地，以及对空间布局、场景设置、温馨环境氛围的打造等的讨论和实施过程，让他们获得了全新的学习体验。在发布会上，小朋友们感受到了来自成人和其他班级小朋友对放线机器人的欣赏和认可，体验到了双倍的成就感和自豪感。"

图 4-2-19 "黄金"和"胖墩"在全区学前教育高质量发展成果展上亮相

第五章　幼儿 STEAM 项目式学习中的表征

在幼儿 STEAM 项目式学习中，表征是连接幼儿思维与经验获取的重要桥梁。它不仅是信息在幼儿头脑中呈现和记录的方式，更是助力幼儿在多领域积累宝贵经验的得力助手。借助各种表征形式，幼儿能够将抽象的知识和概念具象化、可视化，从而在跨领域的学习情境中不断深化对世界的理解。

图 5-0-1　幼儿关于大树的表征（1）

图 5-0-2　幼儿关于大树的表征（2）

第一节 表征的形式：多元化学习过程的呈现

一 什么是幼儿表征

幼儿表征是幼儿思维内化而外显的过程，是指幼儿使用大量的图像、符号以及其他非言语形式（如肢体动作）来表达自己的想法和感受。在幼儿 STEAM 项目式学习中，幼儿的表征具有更为丰富的意义，它包括幼儿运用上述方式来表达自己对问题的好奇与探索、技术操作的体验与理解、工程构建的创意与构想、艺术创作的灵感与表达，以及数学概念的实际应用与逻辑思考等多个层面，具体表现在以下五个方面：

✔ 在科学方面，幼儿可能会用图画描绘观察到的自然现象，如植物生长的过程，或是用简单的符号记录实验数据，表达他们对科学原理的初步理解。

✔ 在技术方面，幼儿通过模仿使用工具的动作，或是设计手势语言来指示操作步骤，展现了技术思维和实践能力的萌芽。

✔ 在工程方面，幼儿结合设计图，通过堆砌、拼接、组合材料精心构建产品模型，运用语言讲解与肢体动作生动演示产品的功能，充分展现出他们对结构、稳定性和功能性的深刻理解与创新思维。

✔ 在艺术方面，幼儿运用色彩、线条和形状来描绘情感、讲述故事，或是通过音乐、舞蹈表达对节奏美和对称美的感受。

✔ 在数学方面，幼儿可能会用手指点数物品、用积木排列出数列，或是用图画展示对形状、模式识别的理解，以此展现数学思维的萌芽。

例如：在大班 STEAM 项目式学习活动"放线机器人"中，小朋友们借助多元化的表征形式展现学习成果。比如，他们会绘制放线机器人的设计图，将脑海中对机器人的设想以图像形式呈现（图像表征）；使用简单符号，如不同形状或颜色标记不同机器人的功能特点、适用场景（符号表征）；还会用生动的肢体动作模仿机器人的运动姿态，如前进、转弯、放线动作（肢体动作表征）。此外，在项目推进中，小朋友们先用绘画精心设计机器人外观，确定造型、色彩等细节（图形表征）；随后，用清晰的语言向同伴阐述设计思路，分享创意来源、功能规划（语言表征）；最后亲自动手制作机器人模型，把设计图转化为实物（实物模型表征）。小朋友们积极投身于多领域融合的学习实践，通过丰富多样的表征形式，不断深化对经验和知识的理解与运用，真正实现了幼儿 STEAM 项目式学习跨领域素养的提升，为未来的学习与发展奠定了坚实基础。

图 5-1-1　放线机器人设计图（图像表征）

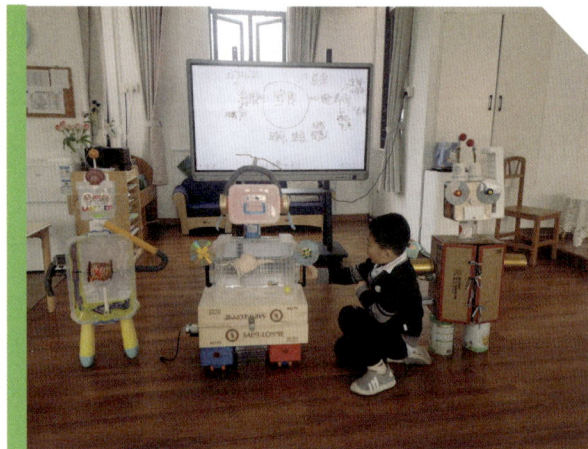

图 5-1-3　实物（模型表征）

图 5-1-2　绘画

图 5-1-4　搭建防晒遮雨棚模型

图 5-1-5　制作立体作品

图 5-1-6　戏剧表征

总之，在幼儿 STEAM 项目式学习活动中，表征是幼儿学习过程的重要组成部分，是他们用自己的方式与世界对话、与知识互动的体现，也是他们创造力、问题解决能力和批判性思维发展的宝贵资源和重要支架。

二　幼儿表征有哪些形式

在幼儿 STEAM 项目式学习活动中，幼儿运用各种各样的表征形式来呈现他们多元化的学习过程，主要可以分为以下六种：

1. 口头讲述：科学探索的有声表达

通过语言表达自己的想法、观点和感受，这是最直接且常见的表征方式。在幼儿 STEAM 项目式学习活动中，幼儿通过细致的观察、耐心的比较和生动的描述，能够逐步揭开科学现象的神秘面纱，从而获得更加深入的理解。

例如："昨天我们在龙眼树的树干上看到了一只漂亮的小昆虫，它有又细又长的鼻子，身体是绿色的还带斑点，而且还会飞行。""我发现蚂蚁搬家的时候，队伍很整齐，前面有一只大蚂蚁好像在指挥。而且它们搬的食物大小不一样，但每只蚂蚁都很努力。"他们在表达中使用"整齐""指挥"等词汇描述观察现象，通过比较蚂蚁和食物的大小，运用了科学学习中的观察和比较方法。幼儿在表达过程中，不仅运用了形容词、副词和介词等语言元素，还涉及了昆虫的形态特征、行为习性等科学概念。这种表达方式不仅提升了他们的语言能力，还将科学学习融入日常交流，是幼儿 STEAM 项目式学习中科学素养培养的生动体现。

图 5-1-7　幼儿向家长和同伴做报告

图 5-1-9　幼儿向嘉宾和参观人员做汇报

图 5-1-8　幼儿向客人老师讲解设计图

图 5-1-10　幼儿向同伴做模型介绍

2. 戏剧表征：艺术与知识的融合演绎

在幼儿 STEAM 项目式学习中，戏剧表征是一种独特的学习方式。幼儿通过多种多样的方式感受、体验、模仿和表达，实现了将戏剧的艺术元素与主题内容的知识经验学习深度融合。他们可能会通过模仿、舞蹈、手势、动作等方式来呈现自己对某个概念或现象的理解；也会通过歌唱、哼曲等方式来表达自己对项目式学习活动的理解和感受。这种艺术表征方式有助于幼儿释放情感、展现个性。

例如：在中班"狼和小羊"的项目式学习活动中，幼儿用肢体动作模仿大灰狼和羊的动作（如大灰狼的凶猛动作和羊害怕的表情）、编排舞蹈（狼抓捕羊的舞蹈）、手势（用手指模仿狼的尖爪）以及动作（模拟"狼来了"，小羊躲藏和奔跑），表达自己扮演角色的感受，展现对小羊和狼的生活习性及形态特征的理解。同时，他们还通过歌唱、哼曲创作关于羊和狼的歌曲，比如自编讲述小羊教育大灰狼的故事，以此加深对两种动物的认知。这种艺术表征方式，让幼儿在释放情感、展现个性的同时，深入理解了各种动物的知识，实现了艺术与科学知识的有机结合。

图 5-1-11
幼儿用戏剧演绎绘本故事（一）

图 5-1-12
幼儿用戏剧演绎绘本故事（二）

图 5-1-13
幼儿用戏剧演绎绘本故事（三）

3. 书写记录：经验整理的文字印记

对于年龄稍大或具备一定书写能力的幼儿，他们可以通过书写、绘画、符号记录等形式，记录自己的学习过程和观察结果。

例如：在中班 STEAM 项目式学习活动"小黄车的停车位"中，小朋友们在测量小黄车的长度时，需要记录下小黄车的长度、宽度、高度等具体数据，以便更好地预测停车位的相关数据，还需要统计小黄车的具体数量。这种表征方式不仅帮助幼儿整理和巩固了所学知识，还能培养他们的科学观察能力和数据记录习惯，为后续的 STEAM 学习奠定基础。

第二次小黄车停车位测量表			
	长度	宽度	高度
小黄车	12	51	51
	长度	宽度	高度
预测停车位	120	80	70

图 5-1-14　小黄车停车位测量表

图 5-1-15　幼儿一日生活作息计划表

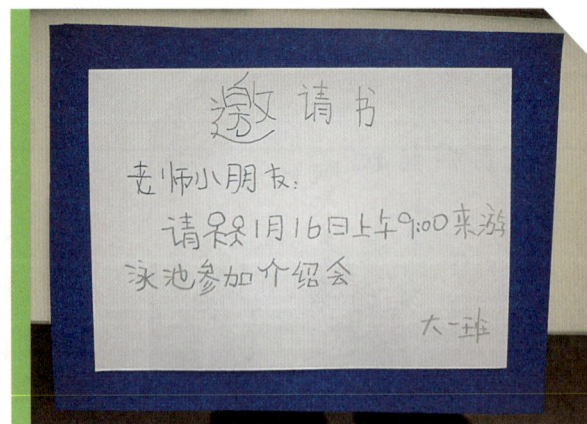

图 5-1-16　成果介绍会邀请书

图 5-1-17 书写成果海报

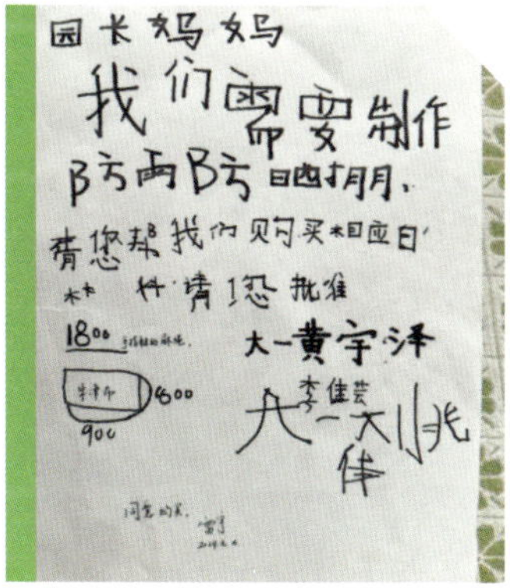

图 5-1-20 植物标志介绍会海报

图 5-1-18
购买材料申请书

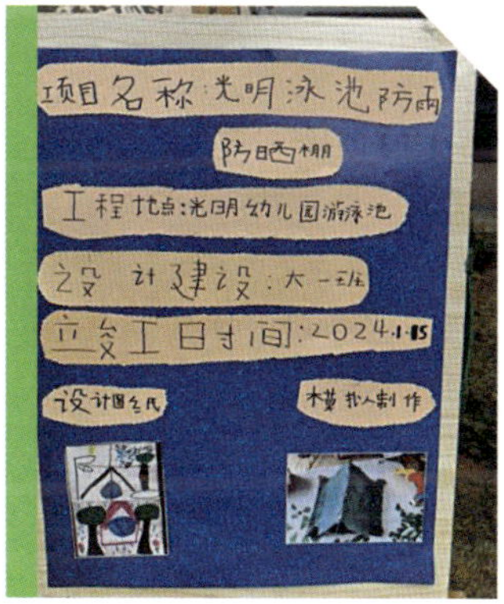

图 5-1-19
防雨防晒棚工程建设告知书

图 5-1-21 "我有一百个想法"的表征

4. 图标设计：设计思维的直观呈现

幼儿设计思维的培养是幼儿 STEAM 项目式学习的重点内容。幼儿通过设计简单的图标，如标记、符号及图表，记录下自己的想法和发现，这对于他们建立设计与问题解决之间的联系至关重要。

例如：在大班 STEAM 项目式学习活动"建造光明索道"中，小朋友们可以用线条和图形绘制索道的结构设计图。这种表征方式不仅将复杂的信息简化为直观、易于理解的形式，还帮助小朋友们在探究中培养空间思维、逻辑推理和数据可视化能力。设计图让小朋友们能更清晰地表达创意和发现，他们乐于与同伴分享交流，这一过程促进了跨领域学习能力的全面发展。

图 5-1-24　安全标志设计图

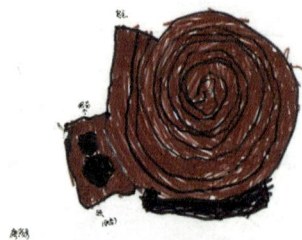

图 5-1-22
索道设计图

图 5-1-23
跳绳小达人幼儿统计图

图 5-1-25
轨道小球设计图

图 5-1-26
美味的比萨设计图

5. 照片记录：多角度地观察和视觉呈现

照片记录是一种独特的表征方式，强调幼儿能够多角度地运用工具呈现自己的观察、思考和理解。幼儿手持相机，围绕特定的主题或项目，自主捕捉他们感兴趣且认为重要的瞬间。通过这些拍摄内容，幼儿不仅学会了通过镜头表达自己的关注点和感受，还在后续的照片解释环节中，用语言进一步阐述了自己心中的想法和创意。

在幼儿参与 STEAM 项目式学习活动时，他们可能会对科学现象的变化产生兴趣，学习如何使用技术工具，观察工程构造的细节，激发艺术创作的灵感，以及理解数学概念的应用。幼儿对照片的解释展现了他们独特的思维过程和创造力。在 STEAM 项目式学习活动中，教师能够更全面地了解幼儿如何运用跨学科的知识和技能，通过合作与实践，探索和解决问题。

图 5-1-27　拍摄烘烤苹果前的状态

图 5-1-28　介绍自己拍摄的照片梳理经验

6. 搭建模型：实践创新的动手探索

搭建模型是幼儿在 STEAM 项目式学习活动中获取直接经验、培养实践和创新思维的重要方式。幼儿通过模型制作初步模拟了问题解决流程，这一过程进一步激发了他们的思考，促使模型表征的学习向更深层次发展。

例如：在大班 STEAM 项目式学习活动"光明索道"中，小朋友们用积木、纸盒、绳子、棍子等材料搭建索道模型。他们思考索道的长度、高度、安全性、舒适性等问题。在搭建过程中，小朋友们综合应用了工程原理、空间几何等知识，充分发挥了想象力和创造力，实现了多领域经验的实践融合，从而提升了解决实际问题的能力。在模型制作的过程中，小朋友们还通过动手操作材料、进行模型搭建等方式不断地探索问题、验证假设。这种表征形式不仅帮助幼儿直接获取经验，而且对培养他们的实践能力和创新思维具有显著作用。

图 5-1-29　搭建索道模型

图 5-1-30　根据模型建造索道

第二节　幼儿表征存在的问题

在实践中我们发现，虽然幼儿的表征能力总体上呈现出与认知发展的同步性，但个体差异非常大。在进行表征时，幼儿会遇到很多问题，主要涉及幼儿的认知、方法及教师支持等方面，这些问题在很大程度上影响了幼儿的探究活动和问题解决实践。因此，我们有必要了解幼儿在 STEAM 项目式学习中表征存在的主要问题，并给予有效的支架和帮助。

在实践中，幼儿表征主要存在以下问题。

一　对表征物的经验不足

幼儿的生活经验有限，可能难以准确理解和表达自己的想法和感受，导致表征内容简单、片面或不符合逻辑。随着认知经验的提升，其表征形式也会越来越丰富。

例如：在大班 STEAM 项目式学习活动"你好！放线机器人"中，小朋友们了解了各种各样的机器人，并设计了大家需要的放线机器人。在分享过程中，幼儿发现了第一次设计存在的问题：

① 只设计了机器人的外形，只在机器人的肚子或者脑袋里画了一团毛线，而机器人的自动收放线、马达安装位置等关键功能，都没有在设计图中体现。

② 机器人的结构不合理，部分小朋友设计的机器人的腿和脚很细，无法支撑机器人的全部重量。

③ 机器人的造型比较单一，除了和人一样，还可以更加多样化。

于是，教师与小朋友们再次回顾了马达的使用方法和各种各样的机器人形状，在区域中投放了各种马达和机器人玩具，让小朋友们随时可以进行探究。这些探究活动，有助于丰富小朋友们关于机器人与马达的经验，以便他们能够再次进行具体、形象的表征。

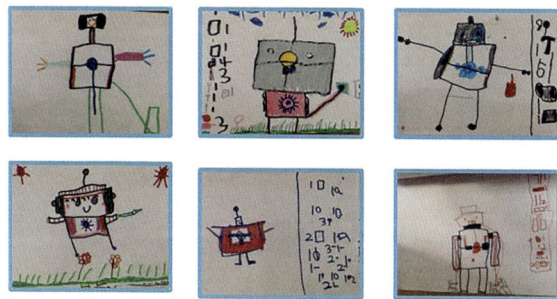

第一次设计

图 5-2-1　第一次放线机器人设计图

第二次设计

图 5-2-2　第二次放线机器人设计图

图 5-2-3　我和家人去公园玩

幼儿的认知发展主要处于前运算阶段，这一阶段的孩子在思维上呈现出直观性、不可逆性和自我中心性的特点，这些特点直接影响了他们的表征能力。直观性思维限制了幼儿对抽象概念的把握，他们在表征时多描绘具体物体或场景，难以准确表达抽象的想法或感受。

例如：年年画了一幅"我和家人去公园"的画。画中，他画了自己、妈妈和爸爸，但公园的景象（如树木、花草、滑梯等）元素都没有，也没有明确的布局和逻辑。当老师问起公园里的具体活动时，年年只能简单地说"我们在玩"，却无法具体描述玩了什么、怎么玩的。

二　表征方法和手段的不足

幼儿在表征时常常困惑于方法和工具的缺乏，多依赖于语言或绘画，而忽视了符号、图表、模型等多样化的表征方式，这导致了表征形式的单一性。此外，幼儿可能尚未掌握一些基本的表征技巧，例如如何运用线条、颜色或符号来表达复杂的信息和想法，这也限制了他们的表征能力。

在绘画过程中，对线条的运用、色彩的搭配以及构图的设计等都可能会影响和限制幼儿的表征。这使得他们可能只能画出简单的图形和线条，而无法准确和充分地表达自己的想法和感受。

例如：3 岁的航航在设计甜甜圈的活动中，虽然已经了解了甜甜圈的特点，但由于表征能力有限，最终只能用简单的线条来表示甜甜圈的形状和花纹。

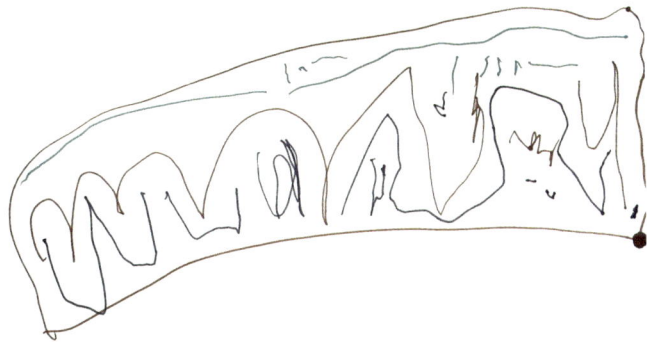

图 5-2-4　幼儿经验不足时设计的方形甜甜圈

在雕塑和手工方面，幼儿可能缺乏雕塑和手工制作的基本方法，如捏、搓、剪、贴等，这使得他们在制作手工作品时可能会感到力不从心，无法完成自己想象中的作品。经验不足不仅限制了幼儿的表征，还可能影响他们的自信心和创造力。面对表征活动中的重重挑战，他们可能会心生沮丧与挫败感，进而对自己的能力产生疑虑。

三　教师支架的限制

在幼儿 STEAM 项目式学习活动中，教师对幼儿表征的支持至关重要。然而在实际的问题情境中，教师的支持常受到多种因素的制约。这些因素涵盖自身观念、支持方式以及环境条件等多个方面，在不同程度上影响着教师对幼儿表征的支架。

1. 教育观的影响——为表征而表征

受传统教育观念束缚的部分教师，在审视幼儿表征时，往往过分聚焦于结果，而忽略了过程的重要性，从而导致"为表征而表征"的形式主义倾向。教师常倾向于将幼儿的表征作品当作量化评价的对象，过分关注作品的最终外观，比如绘画的色彩丰富度和造型逼真度，手工作品的精致度和完整性，却往往忽视了幼儿在创作过程中所投入的思考、探索及尝试。

例如：在大班 STEAM 项目式学习活动"水车"中，教师只是简单地要求幼儿设计自己心中的水车，然后根据画面的美观程度进行评价。对于幼儿在绘画过程中遇到的困难、对不同水车结构的思考以及设计图的可实施性，教师没有给予足够的关注和引导。这使得幼儿的表征活动仅仅成为完成任务的机械行为，失去了其本应具备的表达自我和独立思考的意义。

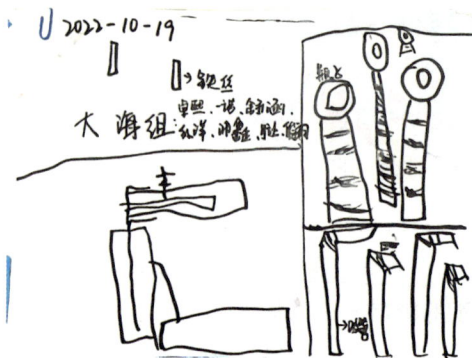

图 5-2-5   水车设计图 1

图 5-2-6   水车设计图 2

2. 支持方式的影响——忽视幼儿自主权，表征方式单一

虽然尊重幼儿自主自愿原则是教育的基本理念，但在实际操作中，一些教师仅限于让幼儿采用"画画"这一种表征手段，未能充分探索和采用多样化的支持方式，以契合幼儿多元化的表达需求。每个幼儿都有自己独特的表达方式和偏好，有的擅长用绘画，有的则更倾向于用语言、动作或建构模型来表征。教师应积极鼓励幼儿选择自己愿意且擅长的方式进行表征，而不是局限于单一的模式。

例如：在中班 STEAM 项目式学习活动"设计小黄车停车位"中，教师请幼儿用绘画的形式设计车位。然而，对于那些不擅长绘画表达但热衷于用积木搭建车位模型的幼儿来说，这种单一的表征方式限制了他们的表达和发展。如果教师能够提供多样化的支持，如鼓励幼儿用绘画描绘车位的标识、用建模的形式设计车位的布局、用语言讲述车位的尺寸、用肢体动作模仿停放方式等，就能更好地满足幼儿的个性化需求，激发他们参与表征的积极性和主动性。

图 5-2-7　建造小黄车的车位模型

3. 环境条件的影响——材料缺乏

丰富且适宜的材料是幼儿在 STEAM 项目式学习活动中进行有效表征的物质基础。然而，许多幼儿园由于资源配置不合理等原因，无法为幼儿提供丰富、适宜的表征材料。幼儿可能会因缺乏合适的材料或工具而感到沮丧，这无疑限制了他们表征方式的多样性以及创造力的自由发展。

例如：在中班 STEAM 项目式学习活动"建造光影小屋"中，幼儿需要各种建筑材料来搭建自己心中的光影小屋模型，如积木、纸盒、塑料管道等。然而，由于缺乏足够的材料和资源，幼儿在搭建时只能进行简单的构造，这限制了他们想象力和创造力的充分发挥。

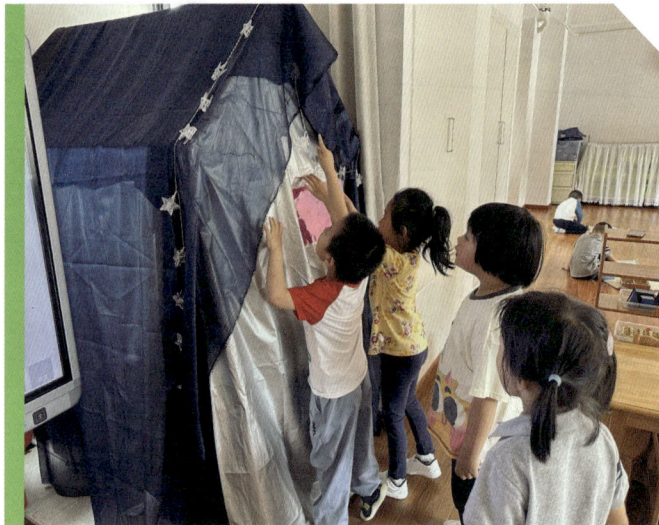

图 5-2-8　建造光影小屋

此外，材料的种类单一也限制了幼儿的表征方式。缺乏颜料、彩纸等材料，幼儿难以通过绘画、手工等形式展现模型的设计理念及审美感受，进而对学习效果产生影响，降低了幼儿对 STEAM 项目式学习的兴趣与热忱。

图 5-2-9　教师和幼儿收集各种道具以及制作材料

第三节   支持幼儿表征的策略

幼儿 STEAM 项目式学习是一种具有创新意义的教育模式，它融合了科学、技术、工程、艺术和数学等多领域的知识，能够引导幼儿在跨学科实践中自主探索与解决问题。表征作为幼儿在 STEAM 项目式学习中表达想法、展示成果的关键手段，有着不可替代的重要作用。教师对幼儿表征的支持策略不仅关系到幼儿运用表征的有效性，还直接影响着幼儿对问题的观察、思考和解决。那么，有哪些有效的支持策略可以更好地帮助幼儿表征呢?

一   明确表征的目的与意义

在幼儿 STEAM 项目式学习中，表征不仅是幼儿表达想法的手段，更是他们记录科学发现、解决工程问题和展示艺术创造的重要途径。教师需要与幼儿一起明确表征的目的和意义，帮助幼儿理解"为什么要表征"以及"表征能带来什么"。

表征的目的多样，旨在记录观察所得、抒发内心情感、分享独到发现、攻克难题以及展现无限创意。通过明确表征的目的，幼儿能够更有针对性地进行表达，从而提升表征的有效性。表征的意义在于其能够帮助幼儿将抽象的想法和复杂的现象转化为具体的形式，从而让其更好地理解和内化知识。明确任务和目标，可以帮助

幼儿建立清晰的思维框架，为后续的工程设计提供方向。

图 5-3-1   幼儿拓印表征作品

二　丰富幼儿关于表征物的经验

幼儿的表征能力与其对表征物的经验密切相关。表征物可以是具体的物体、现象，也可以是抽象的概念或过程。幼儿对表征物的经验越深厚，其表征内容便越具体细腻、生动鲜活且深刻独到。因此，教师需要通过多种途径帮助幼儿积累对表征物的直接经验和理解。在幼儿 STEAM 项目式学习活动中，教师可以通过以下方式帮助幼儿积累相关经验。

1. 在环境中丰富经验

环境是幼儿积累表征物经验的重要场所。幼儿通过亲身观察、动手操作和实验，能够获取对表征物的直观认知与深切感悟。在幼儿 STEAM 项目式学习的科学方面，教师可以引导幼儿观察自然现象或实验过程，帮助他们积累对事物特征、变化规律和内在联系的直接经验。在技术操作方面，教师可以引导幼儿操作简单的工具和材料，帮助他们了解工具的使用方法和材料特性。在艺术方面，教师可以引导幼儿观察和感受自然景观或艺术作品，帮助他们积累对颜色、形状和情感的直观经验。

例如：在中班 STEAM 项目式学习活动"小小植物园"中，为了丰富幼儿对植物的经验，教师在植物园内设置了专门的观察区域，引导幼儿观察植物的生长过程。幼儿自己种下种子，每天观察并记录种子的发芽、长叶、开花情况。他们发现有的植物叶子是互生的，有的是对生的，通过触摸感受叶子的光滑与粗糙，闻不同植物的气味，积累了对植物形态、生长规律和特性的直接经验。

图 5-3-2　观察种子的生长

图 5-3-3　幼儿观察植物

2. 在解决问题中丰富经验

通过解决实际问题，幼儿不仅能够积累关于表征物的经验，还能促进认知和社交能力的发展。在幼儿 STEAM 项目式学习中，幼儿常常需要通过观察、思考和尝试来解决实际问题。这些过程不仅让幼儿积累了丰富的表征物经验，还锻炼了他们的逻辑思维，激发了创新能力。例如，在科学实验中，幼儿可能需要通过多次尝试来找到正确的实验方法；在工程设计中，幼儿需要通过不断改进来优化设计方案。这些解决问题的过程帮助幼儿不断丰富和积累对表征物的经验。

例如：在中班 STEAM 项目式学习活动"制作风车"中，幼儿发现风车转动不灵活。教师引导幼儿观察风车的结构，思考风车转动不灵活的原因，并通过调整叶片的角度或材料来解决问题。在这个过程中，幼儿不仅积累了关于风车结构和空气动力学的经验，还学会了如何通过表征（如图画、模型或口头描述）来表达自己的设计思路和改进方案。

图 5-3-4　幼儿翻阅和介绍问题墙

3. 在讨论分享中丰富经验

讨论和分享是幼儿积累表征物经验的重要方式。通过与同伴和教师的交流，幼儿可以从不同的视角获得新的启发，从而丰富自己对表征物的理解。在幼儿 STEAM 项目式学习的探究阶段，教师可以组织幼儿分享自己的观察结果和发现，帮助他们从同伴的描述中获得新的观察角度。在成果运用和展示阶段，教师可以组织幼儿展示自己的作品，并讨论不同作品的特点和创意。通过这种互动式的讨论和分享环节，幼儿不仅能积累更多关于表征物的知识，还能在实践中锻炼并提升自己的表达与交流技巧。

例如：在大班 STEAM 项目式学习活动"你好！放线机器人"中，教师组织幼儿分享自己观察到的机器人特征。有的幼儿注意到机器人的形状，有的幼儿发现机器人的材质不同，还有的幼儿从机器人的功能进行了分享。通过分享，幼儿能够从同伴的描述中丰富自己对机器人的认识。

图 5-3-5　"你好！放线机器人"活动

三   支持幼儿运用多种表征方法

在幼儿 STEAM 项目式学习中，多样化的表征方法不仅能够帮助幼儿更准确地表达自己的想法，还能够帮助幼儿更加生动、具体地加深对事物的认知和理解。教师可以通过以下方式支持幼儿。

1. 引导幼儿学习多种表征方法

教师可以通过亲身示范和耐心引导，逐步帮助幼儿掌握并熟练运用多样化的表征方法。例如，在科学探究中，教师可以示范如何用图表记录数据，用符号表示变化趋势；在艺术创作时，教师可以引导幼儿用颜色、线条表达情感；在涉及技术应用的过程中，教师可以教幼儿使用简单的工具和材料进行表征，如用积木搭建模型或用黏土制作原型。

例如：在中班 STEAM 项目式学习活动"神奇放线器"中，教师示范了如何用图表记录线团的数量。幼儿通过观察和记录，学会了用符号表示麻绳、彩色编织绳、棉绳等，并用尺子测量并记录了各种线团长度的具体数据。

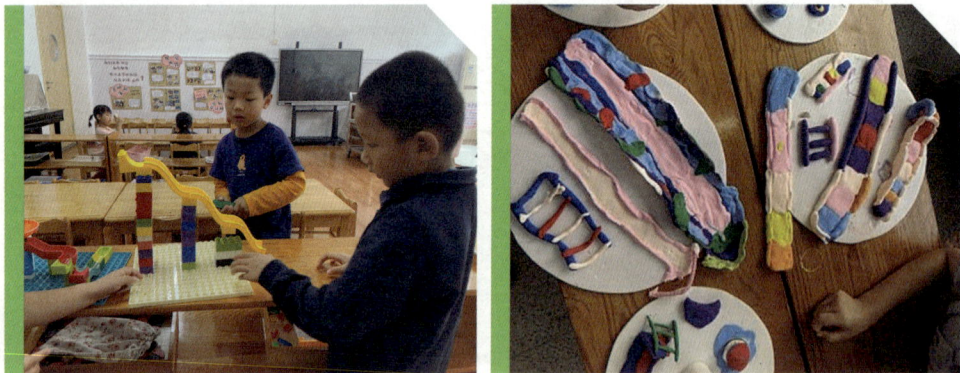

图 5-3-6   不同材料制作的表征模型

2. 创设轻松、包容的环境

为了支持幼儿多种表征方法的发展，教师应创设一个轻松、包容的学习环境。在这个环境中，幼儿可以自由地选择自己喜欢的表征方式，并得到教师的尊重和鼓励。教师应避免对幼儿进行过多的限制和干涉，为他们提供足够的空间（如建立幼儿 STEAM 学习区）和时间（如适当延长活动时长、给予幼儿自由支配的时间），让他们能够充分探索和尝试新的表征方法。同时，教师还应关注幼儿的个体差异和兴趣点，为他们提供个性化的支持和指导。

例如：在中班幼儿 STEAM 项目式学习活动"设计水车"中，有的幼儿选择用绘画表达水车的造型，还有的幼儿选择用语言描述水车的功能。教师鼓励幼儿用自己喜欢的方式表达设计思路。这种多样化的表征方式不仅尊重了幼儿的个体差异，还激发了他们的创造力和表达欲望。

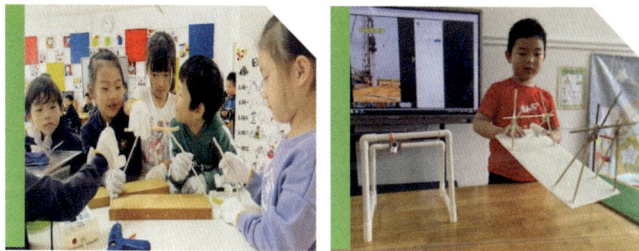

图 5-3-7　制作水车模型

图 5-3-8　幼儿表征的作品

3. 提供积极反馈和评价

教师的积极反馈和评价对于幼儿表征方法的发展至关重要。当幼儿尝试新的表征方法或展示自己的表征成果时，教师应及时给予肯定和鼓励，让他们感受到成功的喜悦和成就感。同时，教师还应针对幼儿的表征作品进行具体的分析和评价，指出其中的优点和不足，并提出建设性的改进建议。这有助于幼儿更加清晰地认识自己的表征能力，并不断提升自己的表征水平。

例如：在大班 STEAM 项目式学习活动"我要上小学啦"中，老师与幼儿讨论了自己心目中的小学。明明描绘了一幅简单的教学楼图景，几个小人在操场上欢快地奔跑，但画面略显单调，人物和建筑的细节不够丰富，未能鲜明地展现出小学与幼儿园的区别。老师观察后，给予了明明反馈，肯定他画出了小学的基本场景，同时提出建议："你可以想一想小学和幼儿园有哪些不一样呀，比如教室的布置、课程表、课间活动等，把这些画出来，画面会更丰富，也能让大家更清楚小学的样子。"明明听取了老师的建议，第二次画的时候，在教学楼里画出了不同的教室，还详细画出了教室里的课桌椅摆放。在操场上增加了更多的体育活动场景，像打篮球、跳绳等。与第一次表征相比，画面内容更加丰富，突出了小学的特色，很好地展现了幼小衔接中对小学的认知变化。

图 5-3-9　幼儿关于"我要上小学啦"的表征

四　提供多样化的表征工具与材料

每个幼儿都有着独一无二的表征途径。有些幼儿语言天赋出众，能够用清晰流畅的语言，有条不紊地表达内心的想法与细腻的感受；而另一些幼儿则对艺术更为热衷，他们喜欢运用色彩斑斓的图画、创意满满的手工，或者是利用树叶、石头、种子等自然材料进行艺术创作，将自己对世界的认知与感知具象化地展现出来。还有些幼儿对线条、材料有着敏锐的独特领悟，能够借助简单的材料，巧妙地将脑海中的奇思妙想呈现出来。

教师在此过程中扮演着关键角色，应当敏锐洞察幼儿的不同偏好，全力营造开放包容的氛围，积极鼓励幼儿运用多样化的表征手段：一方面，提供绘画纸、彩笔、黏土、颜料、彩纸等丰富材料，让幼儿能够通过绘画、手工等形式自由表达自己的发现；另一方面，组织幼儿开展小组讨论，引导他们用语言描述观察过程与内心感受。此外，教师还可提供放大镜、测量尺、记录表等科学工具，帮助幼儿记录数据和发现；利用平板电脑、相机等技术工具，实现数字化表征与分享。

通过这样多样化的表征方式，不仅能够助力幼儿更深刻地理解和记忆探究内容，还能极大地培养他们的创新思维与表达能力，为其成长之路增添绚丽色彩。

自然材料：如树叶、石头、种子等，可用于科学观察和艺术创作。

艺术材料：如颜料、黏土、彩纸等，可用于表达情感和创意。

科学工具：如放大镜、测量尺、记录表等，可用于记录数据和

发现。

技术工具：如平板电脑、相机等，可用于数字化表征和分享。

图 5-3-10　幼儿利用丰富的材料进行创作

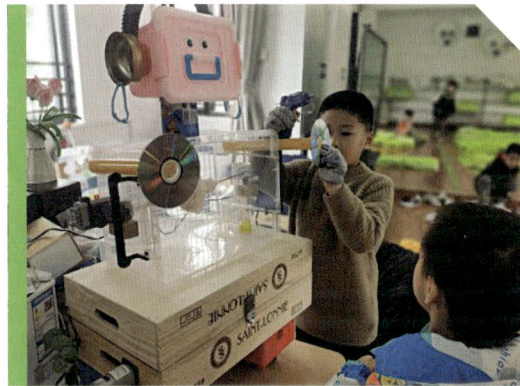

图 5-3-11　不同材料制作的机器人

图 5-3-12 "我有一百个想法"图与文字的表征

教师支持幼儿表征的策略应围绕 STEAM 学习的特点，从明确表征目的、丰富相关经验、拓展表征方法到提供多样化材料等方面，全方位支持幼儿的表征活动。通过实施 STEAM 教学活动，教师不仅能够帮助幼儿解决表征中的问题，还能促进他们在科学、技术、工程、艺术和数学等领域的经验整合，为他们的终身学习奠定坚实的基础。

花点时间

知品尝

插花工作流程

② ③ ④ ⑤

FLOWERS & GARDEN

包花需要什么？

从一粒种子开始

第六章　STEAM 项目式学习环境的创设与运用

在 STEAM 项目式学习活动中，学习环境的创设是激发幼儿学习兴趣、支持其深度探究的重要基础。本章将深入探讨如何创设并运用这样的学习环境，为幼儿教育实践提供有益的指导。

第一节　创设：引发幼儿的学习热情

一个良好的学习环境应当能够满足幼儿的多感官体验需求，体现游戏化的特征，并能够有效呈现整合性学习内容。同时，教师与幼儿共同参与环境的创设，能够进一步增强幼儿的自主性和创造力。

图 6-1-1　幼儿探索自然材料

图 6-1-2　教师与幼儿一起体验

图 6-1-3　幼儿观察植物生长

一　满足幼儿的学习需求

我们指导 STEAM 项目式学习活动时，需要创设一定的学习环境。什么样的环境有助于引发幼儿的学习热情呢?

1. 重视幼儿多感官的体验

幼儿通过视觉、听觉、触觉、嗅觉和味觉等多种感官来感知世界，这些感官体验是他们认知发展的基础。因此，在 STEAM 学习环境的创设中，教师应当注重多感官的融合。

例如：科学探索区可设置光影屋，幼儿在探索灯光投影的过程中，感受光影的奇妙变化，同时配以清脆的鸟鸣声和潺潺的流水声，增强沉浸感与体验的真实感。

艺术创作区应准备多样化的材料，如颜料、黏土、布料、纸张等。幼儿可以蘸取颜料感受其质地与色彩，用黏土塑造各种造型，拼贴布料和纸张来进行自我表达，欣赏色彩之美。

教师组织户外活动时，带领幼儿亲近自然，观察植物的形态和颜色变化，触摸叶片和茎干感受其质地，嗅闻植物的气味，品尝可食用的植物。探索不同的地貌，感受沙滩的柔软和石头的坚硬，聆听风声和海浪声，让幼儿全方位感知自然，从而激发其学习兴趣。

2. 体现融入游戏的元素

游戏化学习是一种将游戏元素融入教育过程的方法，能够激发学习的乐趣并促进知识的内化。在 STEAM 学习环境中，教师可以通过明确目标设定、即时反馈提供、适度挑战设计以及社交互动鼓励等手段，营造既富有趣味性又能激发深度学习的游戏化氛围。

例如：在建构区，教师可以设计一个"桥梁挑战"游戏，幼儿需要通过合作搭建桥梁，解决如何让桥梁更稳固的问题。这种游戏化学习方式不仅能激发幼儿的兴趣，还能有效培养他们的团队协作与问题解决能力。

例如：在大班活动室走廊搭建一间半开放式的游戏区角，形成"有界的自由"，既让小朋友有安全感又能保持与走廊的视觉连通性。投放棋类游戏、益智材料等，小朋友自主选择进入或观察游戏，满足"旁观-参与"的动态游戏需求，激发幼儿参与游戏的兴趣。

图 6-1-4 "暖居"里的休闲时光

3. 关注整合性学习内容的呈现

STEAM 项目式学习活动的核心特征之一是跨学科的整合性。学习环境应当能够有效呈现这种整合性。因此，在 STEAM 项目环境的趣味性背后，我们还应关注整合性学习，帮助幼儿在不同学科之间建立联系，搭建更广泛的知识经验框架，促进综合能力的发展。而学习环境对整合性活动的呈现起着关键作用。

例如：在开展关于"自制葡萄架"的 STEAM 项目式学习活动时，教师在环境中布局相关资源。在活动区域摆放各种适合植物攀爬的材料，如竹竿、木条等，并配上简单易懂的说明，介绍这些材料的特点和用途，这涉及科学实践方面的知识；测量工具如尺子、卷尺一应俱全，并张贴了测量方法图示，便于幼儿测量葡萄架的高度和面积，巧妙融入数学知识。工具区备有锤子、钉子、螺丝刀等工程技术工具，幼儿可亲手操作，学习搭建葡萄架的技巧。艺术创作区域则提供颜料、彩绳等材料，鼓励幼儿发挥创意，对葡萄架进行美化装饰。

教师还可以利用数字化工具辅助跨学科学习。在活动区域放置平板电脑，安装相关的交互式应用程序，幼儿可以利用程序观看葡

图 6-1-5　学习测量、固定、搭建

萄架搭建的视频演示，了解不同搭建方法，让学习过程更加直观和生动。这样的学习环境，让幼儿在一个活动中就能接触到多个学科领域的知识，感受学科之间的紧密联系，加深对知识的理解。

二　和幼儿共同创设学习环境

1. 教师对环境的思考和准备

在创设学习环境时，教师首先需要对幼儿的兴趣、需求和发展水平进行充分的思考和准备。教师应当明确环境的目标，思考如何通过环境的布置和支持材料来引发幼儿的学习兴趣，并促进他们的探究行为。

例如：在开展"光影小屋"项目时，教师可预先筹备多样化的光源、多种材质的材料及科学书籍，助力幼儿在探索之旅中获取知识与工具。

例如：大班小朋友们在开展"指尖上的艺术"项目时，班级创设了编织手作坊。师幼共同收集各种开放性材料（如自然纤维、彩绳、布条、毛线等），小朋友们可以自由选择编织方式（如编辫、织网、缠绕等），在玩编织的过程中实现技能的习得。

图 6-1-6　编织工作坊

2. 运用多种方式引导幼儿参与

幼儿参与环境设计不仅是对他们自主性和创造力的尊重，也是促进其社会情感发展的重要途径。为了让幼儿更好地参与到学习环境的创设中，教师可以采用多种方式加以引导。

组织小组讨论是一种有效的方式。教师可以提出一些问题，如，"你们希望我们的阅读角变成什么样子？""我们的植物角应该种些什么植物呢？"让幼儿分组讨论。讨论时，幼儿畅所欲言，教师悉心聆听并记录宝贵意见。教师可根据幼儿的讨论结果，对学习环境进行调整和优化。

角色扮演亦是点燃幼儿参与热情的有效策略。例如，让幼儿扮演设计师，为班级的建构区设计新的布局。幼儿或以画笔描绘心中建构区的景象，或以积木堆砌简易模型。在这个过程中，幼儿不仅发挥了想象力和创造力，还对空间规划有了初步的认识。

定期收集幼儿对现有环境的反馈同样重要。教师可以设置一个意见箱，鼓励幼儿把对学习环境的意见和建议写下来或者画下来投进意见箱。教师可以每周固定时间开启意见箱，和幼儿一起讨论收到的反馈，并根据反馈及时调整环境布置。例如，当幼儿反映图书角图书种类匮乏时，教师便携手幼儿，共同遴选新书，以此充盈图书角的藏书量。通过这些方式，幼儿可以逐渐成为学习环境创设的主人，增强归属感和责任感。

实时更新，让学习环境与进行中的项目活动相互呼应。例如，

图 6-1-7　班级环境一角

在"小面粉大世界"项目活动中，在学习环境中投放各种厨房用具和辅助材料，如量杯、打蛋器、面盆、擀面杖、面粉、发酵粉等。这些资源与项目主题紧密相关，可以有效支持幼儿在实践过程中深入探究。另外，学习环境中应包含师幼共建的网络图、过程性的表征、活动照片、计划、作品、图片、文字记录等。随着项目活动的推进和深入，教师应及时更新环境内容，反映最新的学习进展和成果。

个性化的学习环境犹如磁石，深深吸引着幼儿的参与热情。对不同年龄段或兴趣爱好的幼儿制定个性化的学习计划，允许他们在特定区域内选择自己感兴趣的活动。教师可以根据每位幼儿的进步情况灵活调整计划，确保每个人都能得到最适合自己的教育资源。

例如：小班的项目墙增设了各种小机关，增加趣味性和互动性，等待小朋友去探索，鼓励小朋友去解密和发现。

图 6-1-8　藏着"小机关"的小班项目墙

图 6-1-9　环境让幼儿的学习看得见

第二节　运用：支持幼儿的深度探究

在 STEAM 项目式学习活动中，学习环境的运用不仅限于提供材料和工具，更核心的是通过环境的互动与对话，促进幼儿深度探究。教师可通过设置开放性问题、提供丰富材料、鼓励同伴合作等手段，激发幼儿的好奇心与探究欲，同时借助项目式学习和评价反馈机制，助力幼儿不断改造学习环境。

STEAM 项目式学习活动环境的创设是以幼儿为主体开展的学习环境。上一节我们主要叙述了 STEAM 学习环境的多重价值和创设思路，本节主要探讨的是在 STEAM 项目式学习活动环境中，如何支持和推进幼儿的深度探究。主要从激发幼儿对学习环境的好奇与探究、支持幼儿改造学习环境两个维度进行分析。

图 6-2-1　在布艺区里做服装设计

图 6-2-2　在阅读区里听、读、写

一 激发幼儿对学习环境的好奇

1. 设置开放性问题激发探索欲望

提问是引导幼儿思考和探索的重要教学策略，尤其是开放性问题，能够有效地激发幼儿的好奇心和探究欲望。在 STEAM 学习环境中，教师可以通过情境导入、引导性提问、假设性问题等方式，帮助幼儿聚焦于某个观察点或问题的核心。

情境导入：通过创设情境来提出开放性问题。例如：教师和幼儿计划共建齿轮墙，教师提问："何处适合安置我们的齿轮墙？构建有趣的齿轮墙又需哪些素材？"这些问题旨在激发孩子们的主动思考及动手实践的热情。

引导性提问：通过引导性的问题来帮助幼儿聚焦于某个观察点或问题的核心。例如：在观察植物生长的过程中，教师可以问："你们注意到叶子的形状有什么不同吗？为什么会有这样的差异呢？"此类问题既能提升幼儿的观察能力，又能点燃他们深入探索的火花。

假设性问题：鼓励幼儿大胆地提出假设，并通过实验验证。例如：在工程活动中，可以问："如果我们用不同长度的木棒来建造桥梁，哪种设计会更稳固呢？"幼儿依据自身经验提出假设，并通过亲手搭建来验证，这一过程有效锻炼了他们的思维与动手能力。

2. 提供多元化材料支持自由探索

多元化的材料是 STEAM 学习环境中的重要组成部分，选择多元化材料能让幼儿有更多的探索可能。通过提供不同类型和功能的材料，可以激发幼儿的好奇心，鼓励他们进行自由探索。

多用途材料：

选择那些具有多种用途的材料，如积木、磁铁、电线等。这些材料不仅能够用于建筑，还可以用来创造电路或进行物理实验。

例如：在建构区，可以提供不同材质和形状的积木，让小朋友们尝试建造各种结构，并观察它们的稳定性。

图 6-2-3 用木棍搭建房子

自然与人造材料的结合：

结合使用自然材料（如石头、木块、树叶等）和人造材料（如塑料管、泡沫板等），可以让幼儿体验到不同材质的特点和用途。

例如：在艺术创作区，可以提供树叶、树枝、碎布料、贝壳、彩色卡纸等材料，鼓励幼儿发挥创意，制作出独一无二的作品。

图 6-2-4　用碎布料制作手机壳

可变性材料：

使用那些可以改变形状或状态的材料，如黏土、沙子、面粉等，这些材料能够激发小朋友们的创造性思维。

例如：在科学区，可以设置一个水槽，让小朋友们通过添加不同物质进行探索，从而获得实验的经验，如溶解、浮沉、颜色变化、温度变化等。

图 6-2-5　玩面粉

3. 鼓励同伴交流促进深层次理解

同伴合作与交流是 STEAM 学习环境中的重要环节，能够促进幼儿之间的情感联结，并加深他们对所学内容的理解。以下是三种具体的策略。

（1）小组合作。在 STEAM 教育理念下，通过精心设计的跨学科活动，组织幼儿以小组合作的形式，共同完成具有挑战性的任务或解决实际问题。例如：在一个关于"环保"的项目活动中，可以让幼儿分组讨论如何减少垃圾产生，并设计一个废品回收方案。小组合作能让幼儿倾听他人观点，共同探索解决方案。

（2）角色扮演与分工。在活动中引入角色扮演，幼儿可扮演不同的角色，承担各类职责。例如：在一次"绘本剧展演"中，可以设立导演、演员、配音、舞美设计、服装设计等角色，让幼儿根据自己的兴趣选择角色，并在团队中发挥作用。

（3）分享与反思。在每次的探究活动结束时，安排分享与反思的时间，让幼儿讲述自己的发现和感受。教师可以通过提问引导幼儿回顾整个过程，总结学到的知识，并鼓励他们提出改进意见。例如：在一次关于"轮子"的探究活动后，可以问："你们发现轮子的秘密了吗？有没有什么有趣的发现想要告诉小伙伴呢？"

当幼儿对学习环境产生好奇并积极探索后，支持他们对学习环境进行改造，能够进一步提升他们的实践能力和创新精神。在这个过程中，教师、教学方法以及评价反馈体系都起着关键作用。

二　支持幼儿对学习环境的改造

1. 教师作为促进者的角色定位

在幼儿改造学习环境时，教师应明确自身为促进者角色，避免成为主导者。

（1）促进而非控制。教师应该作为促进者，而不是直接控制环境的变化。这意味着教师应给予幼儿充分空间，让他们自由探索和尝试自己的想法，而非为其预设每一步流程。

图 6-2-6　和谐的师幼互动

例如：在讨论如何改善阅读角时，教师可以提问："你觉得这里缺少些什么？"或者"如果我们要做一个更舒适的阅读角，你觉得需要增加些什么？"这些问题能激发幼儿思考，鼓励他们提出改进建议。

（2）提供资源和支持。教师应提供必要资源和支持，助力幼儿实现设想。这可能涉及提供额外材料、工具，或协调小组成员合作。例如：幼儿想在班级里创设一个小花园，教师可以协助他们准备花种、花盆、铲子等材料和工具，帮助他们联系学校后勤部门获取种植场地，还可以邀请专业的园艺师给幼儿讲解种植知识。

（3）示范合作与沟通技巧。在改造过程中，教师要示范合作与沟通技巧。例如：幼儿在小花园布局上产生分歧时，教师可示范协商技巧：倾听每位小朋友的想法，共同探索美观且实用的布局方案。教师的示范让幼儿学会在团队中尊重意见，携手解决分歧。

2. 通过项目式学习实现环境创新

在改造学习环境时，项目式学习能够显著提升幼儿的参与度与创新力。教师与幼儿共同商定改造目标，并分步骤实施，助力幼儿动手进行改造。

3. 建立评价反馈体系以持续改进学习空间

评价反馈体系是支持幼儿持续改进学习环境的基础。科学合理的评价反馈体系，能帮助幼儿不断改进学习环境，提升学习效果。

多元化评价：评价幼儿时，采用多元标准，涵盖知识掌握、合作能力及创新能力等。例如在"改造自然角"的项目中，评价标准不仅包括幼儿对植物养护知识的掌握程度，还包括他们在团队合作中的表现、创新想法的提出等方面。

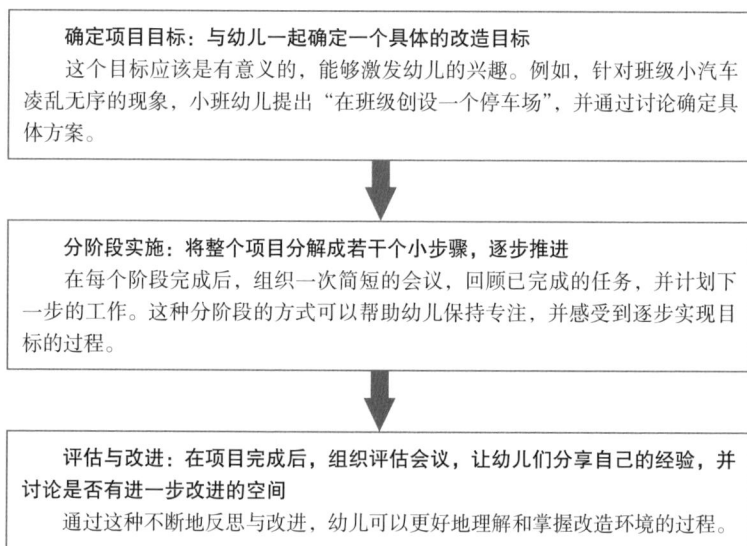

确定项目目标： 与幼儿一起确定一个具体的改造目标

这个目标应该是有意义的，能够激发幼儿的兴趣。例如，针对班级小汽车凌乱无序的现象，小班幼儿提出"在班级创设一个停车场"，并通过讨论确定具体方案。

分阶段实施： 将整个项目分解成若干个小步骤，逐步推进

在每个阶段完成后，组织一次简短的会议，回顾已完成的任务，并计划下一步的工作。这种分阶段的方式可以帮助幼儿保持专注，并感受到逐步实现目标的过程。

评估与改进： 在项目完成后，组织评估会议，让幼儿们分享自己的经验，并讨论是否有进一步改进的空间

通过这种不断地反思与改进，幼儿可以更好地理解和掌握改造环境的过程。

即时反馈与定期评估相结合。即时反馈可以帮助幼儿及时调整自己的行为，而定期评估则可以提供一个全面审视整个学习过程的机会。例如，在幼儿改造自然角时，教师发现幼儿浇水方法不当，随即指导道："浇水需缓慢，确保水分深入土壤，以便植物有效吸收。"在项目结束后，进行定期评估，总结幼儿在整个项目中的表现，提出未来的改进方向。

幼儿参与评价过程。鼓励幼儿参与评价过程，让他们有机会对自己的表现进行自我评价。这不仅能够增强他们的自我认知能力，还能让他们更加明确自己的长处与待改进之处。

　　例如：在历时一个半月的大班毕业展 STEAM 项目中，幼儿们通过实践活动深入学习了扎染技术，并将所学应用于创作，如制作扎染布艺品和服装。他们不仅在毕业典礼上展示了成果，还通过项目将紫荆小镇的美丽留在了幼儿园。他们也写下了未来希望改进的方面，如"我希望我们的毕业展能邀请很多的小学老师来观展，这样小学的老师就能提前认识我了""我希望我们的紫荆小镇能通上电灯，这样晚上也是亮堂堂的"。

　　STEAM 项目式学习活动环境的创设与运用是一个动态的过程，需要教师与幼儿共同努力。通过满足幼儿的多感官体验需求、体现游戏化特征、呈现整合性学习内容，教师能够有效引发幼儿的学习热情。同时，通过设置开放性问题、提供多元化材料、鼓励同伴合作，教师能够支持幼儿的深度探究。在环境改造的过程中，教师作为促进者，通过项目式学习和评价反馈体系，帮助幼儿持续改进学习空间，最终促进其全面发展。

第七章 幼儿 STEAM 项目式学习活动案例

案例一 小班 STEAM 项目式学习案例：荡秋千
——如何在幼儿园制作秋千？

一 活动缘起

在一次班级的分享活动中，小朋友们兴奋地讨论起周末玩秋千的经历。

乐乐："海天公园的秋千好大，特别好玩！"

妍妍："我们家的小区里面也有轮胎秋千，要是幼儿园也有秋千就好啦！"

承承："树屋下面有地方，我们可以自己做秋千呀！"

小朋友们的提议让老师眼前一亮："既然孩子们需要秋千，何不让他们自己动手设计？"面对他们的兴趣和需求，老师组织小朋友们展开了进一步讨论。因为小朋友们对秋千有来于生活中的认知经验和强烈的兴趣需求，于是一场融合 STEAM 理念的"制作秋千"项目正式启动。

图 7-1-1 幼儿发现适合做秋千的地方

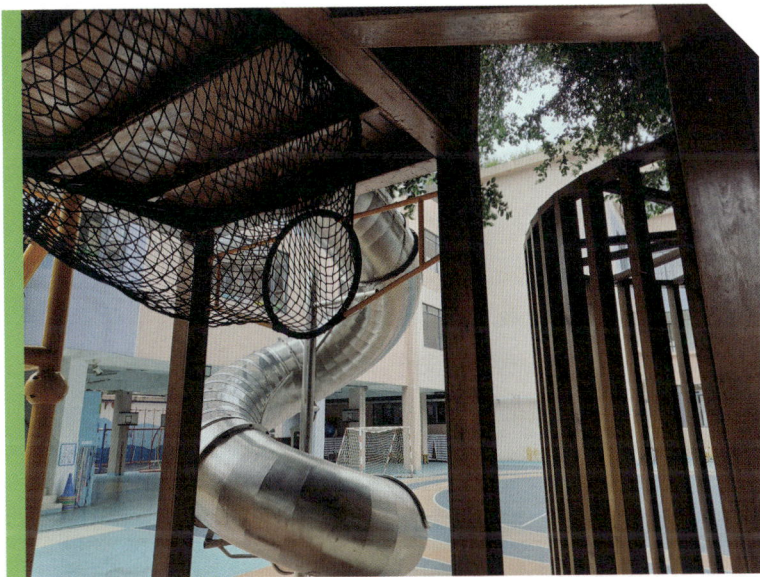

图 7-1-2　适合做秋千的树屋底

二　教师分析

基于小班幼儿的年龄特点和兴趣需求，教师进行了以下思考。

1. 问题导向

幼儿对秋千的渴望是真实的"驱动性问题"，能激发探究动力。

小班幼儿经常问各种问题，表现出较强的探究欲望，当幼儿对秋千的兴趣强烈，并主动提出想要制作秋千的想法时，教师积极响应，引导幼儿在项目式学习过程中增强问题意识和解决问题的能力。

2. 经验基础

幼儿对秋千的结构仅有模糊认知，需通过观察、实践逐步积累经验。

幼儿在生活中有荡秋千的经历，能够说出自己在哪里见过秋千，见过的秋千的形态，个别幼儿可以说出见过的秋千的材料、玩法和秋千制作方法的猜想，对秋千的形态和结构组成有初步的感知认识，但是缺乏制作秋千的经验。要在什么地方制作秋千，需要用什么材料制作秋千，怎么将材料组合成秋千等问题将是引导幼儿深入探究的方向。

3. 知识经验的整合

结合幼儿的兴趣，在解决"如何制作秋千"的过程中，教师和幼儿可能会探索一些常用材料的特性（如绳子的承重、木板的稳定性等）；可能会学习和了解一些概念及工具的使用，（如学习长短比较、对称与平衡等概念，掌握钻孔、打结或测量等方法；可能会设计秋千的结构、制作秋千的模型并进行反复优化等。

三　探究阶段

1. 秋千由哪些部分组成?

为了了解秋千的"秘密"，增加小朋友们对秋千结构和功能的认识，教师通过亲子任务，邀请家长带小朋友观察、体验秋千，并拍摄细节照片。回园后，小朋友们围绕照片展开讨论。

沛林："秋千是用绳子挂起来的！绳子连着坐的地方。"

彬彬："轮胎秋千的底座是圆的，不会硌屁股！"

教师："你在秋千上面会感觉害怕吗？"

俊希："不怕，抓住绳子就不会摔下来。"

教师："如果绳子断了会怎样？"

承承："底座会掉下来！所以绳子要很粗！"

教师："秋千是怎么荡起来的呢？它可以自己动吗？"

书乐："爷爷在后面推，秋千就动起来了。那个坐的地方要挂起来才能荡哦。"

通过师幼一起的观察与讨论，大家总结出秋千的三大结构：支架、绳索、底座，并绘制了儿童版的结构图。

幼儿常见的秋千底座有：长木板、牛皮底座、轮胎、绳索布艺座椅、铁座椅。

幼儿常见的秋千支架有：各种形状的铁柱支架、大树。

幼儿常见的悬挂索有：铁链、铁柱、粗绳索。

幼儿常见的秋千形式有：单人式、多人式。

图 7-1-3　家长拍摄幼儿体验秋千的照片

图 7-1-4　幼儿分享观察、体验秋千的发现

2. 秋千每个部分的主要功能是什么？

秋千底座、两边的绳索和支架有什么作用？围绕这类问题教师和小朋友们展开了讨论，同时也了解了秋千每部分之间连接的重要性，对秋千整体有了初步认识。

教师："秋千的底座是用来做什么的呢？"

雯雯："秋千的底座可以坐，有的也可以站在上面。"

哥哥："绳索是用来扶的，这样就不会摔倒了。"

乐乐："也是用来连接底座的。"

教师："绳索与底座连接以后就能荡起来了吗？"

振霖："还要找个地方挂起来。"

教师："哦，我们要找到支撑的地方，也就是支架，支架可以把连接好的底座与绳索挂起来，只有这样，才能完成秋千的制作。"

教师的思考

幼儿获得经验——此阶段，幼儿通过体验、观察、分享讨论初步建立对于秋千的经验，能够对秋千的形态、材料、玩法有初步的认识，知道秋千的结构和作用。

教师支持——和幼儿一起布置问题墙，并呈现关于秋千的讨论过程，让幼儿持续观察比较。

下一步方向——丰富幼儿对于秋千的结构和材料经验，思考材料的选择与安全性问题，进入项目的设计与制作阶段。

经过家园合作中幼儿的亲身体验和两次集体探讨活动，幼儿对秋千的颜色、材料、结构特点进行了深入观察和了解，对秋千的认知经验明显增加。这些经验可以帮助幼儿在后期的工程设计阶段对选择制作材料和制作方法更有方向。于是，我们围绕驱动性问题"如何在幼儿园制作秋千"继续开展设计与实施阶段的项目探究活动。

四　设计与实施阶段

带着对秋千的认识，小朋友们摩拳擦掌，兴致盎然地准备在幼儿园制作秋千。

1. 选址：幼儿园哪里比较适合搭秋千？

教师和小朋友们一起在幼儿园寻找适合玩耍秋千的场地。寻找过程中，小朋友主要围绕三处地方进行了讨论。

地址一：杨桃树下

禹乐："老师，我觉得这棵杨桃树可以挂秋千，有树枝。"

乐乐："不可以的，这个树枝那么小，等会儿断了，摔下来会受伤的。"

地址二：大门口的龙眼树下

诺诺："老师，门口的龙眼树大一些，能挂秋千。"

沛林："树枝好矮啊，荡不起来。"

承承："在幼儿园门口玩会挡住小朋友的，很危险。"

地址三：幼儿园的树屋下

振霖："老师，树屋这里才可以玩秋千，你看，这里空空的，把秋千挂在这里就可以荡了。"

乐乐："这里还有一条条横着的柱子，挂秋千在这里不会滑，很容易固定的。"

教师："挂上去会不会断啊？"

承承："肯定不会，你看，这是铁做的，很硬的哦。"

经过考察和讨论，小朋友们一致决定：杨桃树和龙眼树下都不适合玩秋千，树屋下搭秋千比较适合。

图 7-1-5　幼儿寻找适合制作秋千的场地

图 7-1-6　幼儿探讨龙眼树是否可以挂秋千

教师的思考

幼儿获得经验——根据自己对秋千的认识，从制作秋千所需的空间、障碍物影响等方面分析、判断和选择制作秋千的场地。

教师支持——实地观察，引导幼儿探究适合制作秋千的场地条件。

下一步方向——寻找适合制作秋千的材料。

2. 寻找材料：制作秋千需要什么材料？

教师和小朋友们一同在幼儿园里寻找制作秋千的材料。

底座用什么材料合适？

底座候选：半圆球、鸡蛋托盘、长木板、短木板、正方形木板、圆柱、轮胎。

小朋友们对找到的材料进行了体验尝试，并感受了不同材料的承重能力。

乐乐："轮胎太重了，搬不动！选木板吧！"

沛林："铁丝太硬了，会划伤手！"

最终，孩子们投票选定两块长木板作为底座。

图 7-1-7　幼儿寻找适合制作秋千的材料

图 7-1-8 幼儿尝试体验材料

哪些绳子更适合做秋千的绳索呢？

绳索候选：长布条、各种颜色的扁棉绳、细麻绳、铁丝。

小朋友们在美工室里找到了毛线、装饰彩带、彩色八股棉绳、彩色扁棉绳、铁丝等多种可以作为秋千绳索的材料，同时大家对几种材料进行了讨论。

毛线："这个太细了，很容易断的。"

装饰彩带："可以的，这个好看。"

八股棉绳："这个可以，有好多颜色。""我觉得这个可以，它是粗粗的。"

彩色扁棉绳："它是软软的，它可以用来做秋千。""它比较粗，而且长，我们可以试试。"

铁丝："我觉得可以，是硬硬的。""太硬了，手会疼的。""不行，太细了，它会断掉的！"

最终大家选择了深蓝色八股棉绳和棕色扁棉绳，并用剪刀剪下

图 7-1-9 挑选制作秋千的绳索

教师的思考

幼儿获得经验——了解各种材料的特点,通过亲身体验,了解不同材料承重不一样。

教师支持——提供多种材料供幼儿自由探索。

下一步方向——尝试开始制作秋千。

了他们认为需要的长度。

3. 制作秋千:如何制作秋千?

小朋友们带上选好的材料来到幼儿园的树屋底下,准备开始制作秋千,由于树屋下的横梁太高,教师协助小朋友们将秋千的绳索绑在横梁上,大家一起动手将底座固定在绳索上。秋千很快就完成了,大家特别兴奋,开始荡秋千。

(1)第一次挑战:秋千"翻车"了

秋千还没玩一会,但问题就接踵而至:

底座滑落——"绳子太滑了！根本坐不稳！"

高度不适——"秋千太高了，我爬不上去！"

秋千的底板与绳索没连接好，底座总是掉出来，怎么办呢？

针对底座不稳固的问题，小朋友们向电工师傅刘叔叔求助。刘师傅看到小朋友们带来的绳索，向他们解释了原因——绳索太细无法承受秋千的重量，容易断裂也不稳固，并带着小朋友们到攀爬网处了解尼龙绳，指出尼龙绳更结实，可以用来制作秋千。

图 7-1-10　尼龙绳结实耐用

小朋友们与老师在幼儿园的资料室中找到了尼龙绳，带上用来做底座的两块一样长的木板，再来请刘叔叔帮忙。刘师傅先用电钻将秋千的底座木板两边分别钻了孔，并将两块一样长的木板用嵌板和螺丝固定在了一起，拼接成较宽的底座。底座制作好后，刘师傅尝试将尼龙绳穿入底板的孔中，多次调整孔的大小，并用火机将绳头烧紧后，最终将绳索固定在了底座上。见此情景，老师又提出了问题："需要多长的绳子呢？"沛林指出："可以长一点，上次秋千太高就是因为绳子太短了。"在刘师傅的帮助下，小朋友们将两个秋千成功地固定在支架上了，刘师傅通过对绳索的长度的调整不断调整秋千的高度。

随后，小朋进行了试玩活动。他们发现：这一次做的秋千，荡得不够高，不是很好玩。

图 7-1-11　重新稳固底座

教师的思考

幼儿获得经验——知道制作秋千的绳索需要承受住底座的重量，而粗一点的绳子的承重能力会更好；绳索的长度决定了秋千底座离地的高度；两边绳索必须一样长，秋千底座才能平衡；对制作秋千的工具材料电钻和钉子有了新认识。

下一步方向——思考秋千荡得不高的原因，并进行调整。

（2）第二次优化：秋千的连接和升降

✔ 怎样才能让秋千荡得更高呢？

小朋友们分享了试玩第二次制作的秋千的感受，发现由两块木板拼成的底座坐着比较舒服，但是荡不高，底座容易翻转。由一块木板做成的秋千荡得比较高，但是比较窄，坐得不舒服，坐不稳。两边各一根绳索连接横梁形成可灵活转动的圈圈，能让秋千荡得更高。在明确秋千荡的高低与绳索和支架的连接方式有关后，小朋友们再次找到刘叔叔，希望刘叔叔能帮忙调整秋千的绑法。

刘师傅提出了可以用不同方法进行打结的建议，并进行尝试，在使用了圈式打结法进行连接固定后，小朋友们进行了体验尝试，最终认为这个方法可行、有效。在体验的过程中，出现了秋千不断下坠的情况。"为什么会这样呢？"幼儿提出了疑问。"这种绳子是有弹性的，小朋友坐在秋千上时，绳子受到重量的压力，就会往下延长一点。"刘师傅对问题进行了解答，并再次对绳子与横梁连接处进行了加固，多次进行按压，使其更牢固。

图 7-1-12 幼儿分享自己的发现

图 7-1-13   幼儿观察刘叔叔调整秋千

教师的思考

幼儿获得经验——绳索与支架连接的打结方式会影响秋千的灵活程度，从而影响秋千荡的高度。

教师支持——鼓励幼儿主动寻求专业人士的帮助。

下一步方向——通过实践经验确定秋千适合的高度，并进行调整。

✔ 应该要制作多高的秋千呢?

小朋友们在试玩中发现两个秋千的高度是一样的，个子高的小朋友可以自己坐上较高的秋千，矮一点的小朋友坐不上去。因此大家同意把其中的一个秋千的高度调低，让大部分小朋友都能自己坐到秋千上。

图 7-1-14   秋千太高了，个子不够高的小朋友坐不上去

教师的思考

幼儿获得经验——绳索与支架连接的打结方式会影响秋千的灵活程度,从而影响秋千荡的高度;秋千的高度要根据小朋友的身体高度来进行设计。

（3）第三次升级:秋千的平衡和稳定

✔ 秋千底座裂开了怎么办?

在户外活动时,幼儿发现之前做好的秋千出现了新问题:

底座裂开了,怎么办?

秋千底座歪了,怎么办?

小朋友们对发现的问题进行了讨论,最后增加了两块小木板钉在底座的下面固定住,让秋千的底座变得更稳,另外通过调整绳索的长短和提出玩秋千时要坐在秋千中间的方法,来调节维持秋千的平衡性。

牢固的、底座舒适且荡得很高的两座离地高度不同的秋千终于做好了!

图 7-1-15 幼儿发现秋千底座有裂缝

教师的思考

幼儿获得经验——玩耍过程中可以通过坐的位置来调节秋千的平衡性,加深了对"平衡"的认知。

教师支持——鼓励幼儿体验并表达感受,引导幼儿思考问题出现的原因,并结合前期经验对秋千进行调整。

<table>
<tr><td>

五   成果展示与分享阶段

如何让大家知道幼儿园里也有秋千呢？

小朋友们自豪地向全园发出邀请："快来玩我们做的秋千！"

</td><td>

彤彤："这是我们自己做的！超级稳！"

振霖："下次我要设计一个会转的秋千！"

在秋千正式投入使用后，每天都有各班的小朋友排队体验秋千。

</td></tr>
</table>

图 7-1-16　小朋友们排队荡秋千

教师的思考

　　幼儿获得经验——幼儿享受到了成果分享的快乐，愿意主动邀请他人来体验并自豪地向同伴介绍，收获了成功的喜悦与自豪感，自信心得到提高。

六　小结

　　本次"制作秋千"项目以幼儿的游戏需求为驱动，通过"观察秋千结构—设计制作方案—实践优化成果"的探究路径，自然融入了 STEAM 五个领域的学习。幼儿在科学探索中对比材料特性（如绳子的承重力、木板的稳定性），在工程实践中体验钻孔、打结等基础技术操作，通过测量绳索长度、调整底座平衡理解"对称""水平"等数学概念，并在材料选择中融入艺术审美。活动中，幼儿主动发现问题（如底座滑落、绳索高度不适），通过试错、合作、求助专业人士逐步解决问题，既发展了动手能力与问题意识，也让抽象的科学原理"可视化"。

　　作为教师，我们始终遵循"幼儿在前，教师在后"的原则，支持幼儿在试错中积累经验（如允许更换材料、鼓励自主验证猜想）。

当幼儿急于完成作品时，我们通过提问引导其关注安全与功能（如"绳子太细会断吗？"）；同时整合家长观察任务与电工叔叔的专业指导，帮助幼儿理解真实工程中的严谨性。最终，秋千的成功不仅让幼儿体验到成就感，更让他们感受到"学习是为了解决真实的问题"，这正是 STEAM 项目式学习的核心价值。

　　　　　　（案例提供：珠海市光明幼儿园　沈慧欣　李超萍）

案例二　中班 STEAM 项目式学习案例：光明驱蚊水
—— 如何制作光明驱蚊水？

一　活动缘起

在户外活动时，小朋友们正在滑梯边开心玩耍。突然，满满的耳边传来一阵"嗡嗡"声，一群蚊子飞了过来。满满抱怨道："这些蚊子真讨厌，总是打扰我们玩。"老师见状，赶紧拿来电蚊拍驱赶蚊子，可没过一会儿，蚊子又飞了回来。小朋友们看到赶不走的蚊子，纷纷开始讨论起来。有的说可以用驱蚊水喷，有的说戴驱蚊手环，还有的说要点蚊香……回到教室后，大家的讨论仍在继续，从蚊子的外形特征，到蚊子为什么会咬人等问题，小朋友们的好奇心被彻底激发。基于此，我们的活动正式拉开了序幕。

二　教师分析

1. 学习价值

该活动以幼儿对大自然的热爱与好奇为切入点，将幼儿的兴趣转化为学习动力，使幼儿主动投入到探究活动中，保持对周围世界的好奇与探索欲望，为终身学习奠定基础。在探究防蚊和驱蚊的实践过程中，幼儿能够接触到植物特性、化学混合等多方面知识，实现跨学科知识的初步积累。同时，收集问题、设计方案、动手实践等环节，可以有效锻炼幼儿的观察能力、思考能力、动手操作能力以及问题解决能力。

2. 幼儿经验梳理

幼儿以小组为单位开展探究，这其中需要与同伴进行分工合作、交流讨论。通过分享想法、互相协作，幼儿可以逐渐学会如何倾听他人意见，表达自己的观点，以便提升团队协作能力和沟通交流能力，积累合作学习的经验。在观察和讨论过程中，幼儿对大自然展现出了深厚的热爱以及强烈的好奇心。在具体的实践过程中，幼儿可以了解不同植物的驱蚊特性，尝试将不同材料进行混合配比，从而积累科学探究的方法和实际操作的经验。

三　探究阶段

1. 捕捉蚊子大行动——在幼儿园如何防蚊？

小朋友们准备了水盆、粘蚊板，并将它们放置在滑梯的各个角落，耐心等待 24 小时。

观察结果：

满："粘蚊板在草多和黑黑的地方粘到的蚊子最多；水盆上没有蚊子。"

子："有苍蝇！头圆圆、最大只的是苍蝇。"

珺："还有一张上面全是小蚊子（蠓）。"

宁："那是因为昨天晚上下雨，池塘有积水，所以滑梯上蚊子特别多。"

图 7-2-1　观察粘蚊板上的蚊子

教师的思考

幼儿获得经验——幼儿通过观察发现蚊子有多种：

黑白相间的蚊子、花蚊子等；蚊子和蠓虫都喜欢生活在潮湿、有水源或者长满草丛的环境中。蚊子飞到人身上吸血时，有时能被感知到，但如果是蠓虫的话很难被人发现。

教师支持——依据幼儿对蚊虫已有的认知经验，为幼儿提供"粘蚊板"，引导幼儿观察蚊子和蠓虫的不同之处，激发幼儿进一步探究的欲望。

下一步方向——为了让幼儿更深入地了解蚊子的相关知识，教师可结合家长资源，设计并发放关于蚊子的亲子调查表。通过家园合作的方式，丰富幼儿的认知，同时促进亲子之间在科学探索方面的互动与交流。

2. 驱蚊方法大调查——在幼儿园里用什么方法可以驱蚊和灭蚊？

根据幼儿已有的经验和兴趣，教师设计"蚊虫大作战"问卷，共发放问卷 35 份，回收 35 份，回收率达 100%。调查结果显示，幼儿知道蚊子的种类有 3 种；驱蚊的方法有 6 种；灭蚊的方法有 7 种。

图 7-2-2　亲子问卷调查表

表 7-2-1　亲子驱蚊、灭蚊的调查表

灭蚊	蚊香	要点火、有烟味、需要打火机（容易着火）	×
	灭蚊灯	要插电、用电电死蚊子（下雨天危险、操场没有电、不安全）	×
	电蚊拍	要充电（不安全）	×
	杀虫剂	很臭、闻起来头晕（小朋友不能闻这些味道）	×
	食蚊草	清洁美化环境	√
驱蚊	防蚊贴	贴在身上（小小的、熏走蚊子、方便）	√
	蚊帐	需要棍子支撑、网（容易倒、不方便）	×
	花露水 /驱蚊水	喷在身上、凉凉的、香香的（方便）	√
	药膏	涂在身上就不痒了	×
	驱蚊香囊	挂在身上就没有蚊子咬	√

教师的思考

　　幼儿获得经验——经过分析和比较，多数幼儿认为驱蚊水、驱蚊贴、驱蚊香囊、食蚊草更适合在幼儿园使用，并决定尝试制作驱蚊香囊和驱蚊水。在这个过程中，幼儿学会了信息的分析和筛选。

教师支持——尊重幼儿自主选择制作驱蚊水和驱蚊香囊的决定，鼓励幼儿大胆尝试，培养幼儿创新精神。

下一步方向——计划收集各类驱蚊水、驱蚊香囊，组织幼儿探讨，分析它们的不同之处；借助视频、网络等多媒体资源，帮助幼儿构建关于驱蚊物品的认知。

3. 驱蚊香囊效果测试——驱蚊香囊效果如何？

① 幼儿在调查驱蚊香囊的成分、制作方法后，自主搭配不同驱蚊药材制作"完美"的驱蚊香囊，并用不同颜色的点、数记录制作过程和配方。

图 7-2-3　点、数的记录方法

② 尝试不同的佩戴方法，探索哪种方式的驱蚊效果更好。

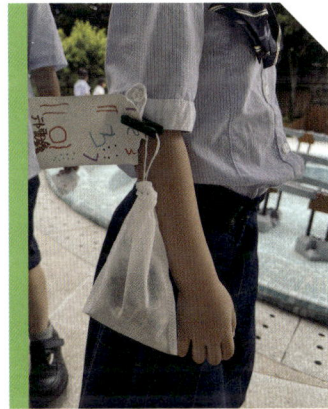

图 7-2-4　　　　　　　图 7-2-5
驱蚊香囊佩戴在腰部　　驱蚊香囊佩戴在手部

③ 驱蚊效果测试：驱蚊效果不理想，出现驱蚊香囊甩来甩去、绳子经常解开脱落的现象。

教师的思考

幼儿获得经验——幼儿发现驱蚊香囊存在问题，如驱蚊效果不佳、佩戴不稳。

教师支持——组织幼儿进行讨论，帮助幼儿梳理经验，让幼儿明白在探索过程中遇到失败是正常的，培养幼儿不怕失败的学习品质。

下一步方向——驱蚊香囊效果不理想，教师鼓励幼儿运用已有的知识和经验，探索制作更有效的驱蚊产品。

四　设计与实施阶段

1. 驱蚊水怎么做?

（1）幼儿上网查阅如何自制驱蚊水的视频后，根据驱蚊水配料表向园长提出采购申请

图 7-2-6　驱蚊水配料采购申请图

（2）幼儿设计制作方法：将双脱醛、酒精、艾草、薄荷、香茅混在一起浸泡

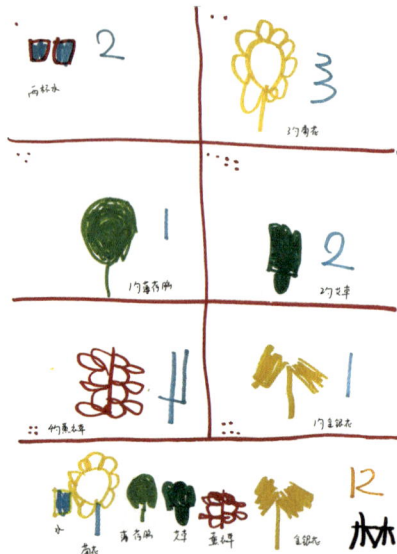

图 7-2-7　制作流程图

（3）制作过程

① 幼儿领取材料后，自由分组合作，挑取腐烂的叶子、梗、蜗牛、杂草，清理干净后放在通风处晾干水分，香茅剪碎；使用电子秤将材料均分；取出干净无油无水的玻璃瓶、准备双脱醛、75%酒精。

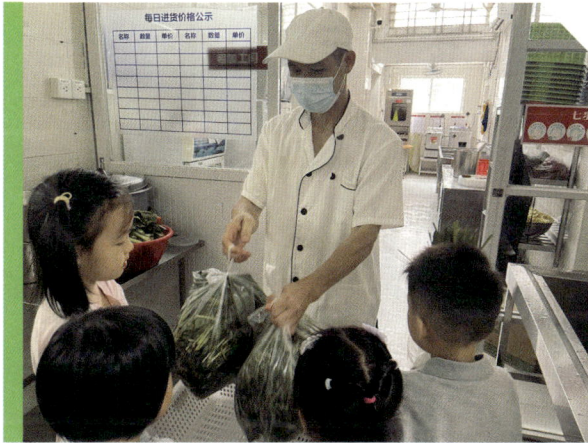

图 7-2-8　领取材料

图 7-2-9　香茅剪碎

图 7-2-10　清洗艾草

在配比材料时，幼儿认为可分水、酒精、双脱醛酒精三种浸泡液；酒精和双脱醛酒精分别进行浸泡一次和浸泡两次的处理，最后实地检验哪种驱蚊效果最好。

② 四天过去了，驱蚊水已从透明无色变成深绿色。打开瓶盖，取少量驱蚊水给小朋友们扇闻，小朋友们纷纷捂住口鼻表示："太难闻了！""是艾草的味道。""是薄荷凉凉的味道。""是酒的味道。""像我爸爸喝醉酒的味道。"

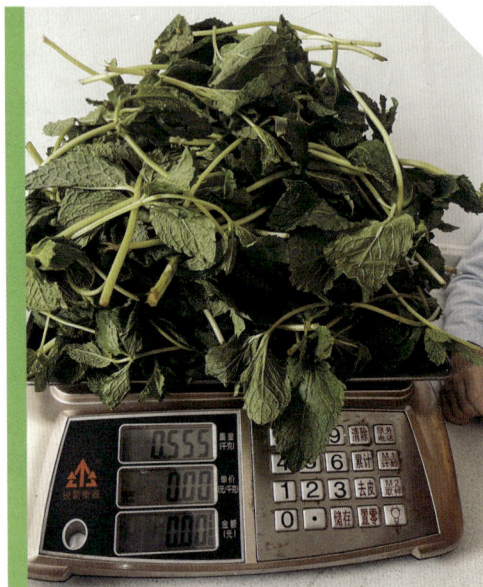

图 7-2-11　称重

纯水浸泡 	双脱醛浸泡 	酒精浸泡 

图 7-2-12　不同材质的浸泡液

图 7-2-13
浸泡液味道有点难闻

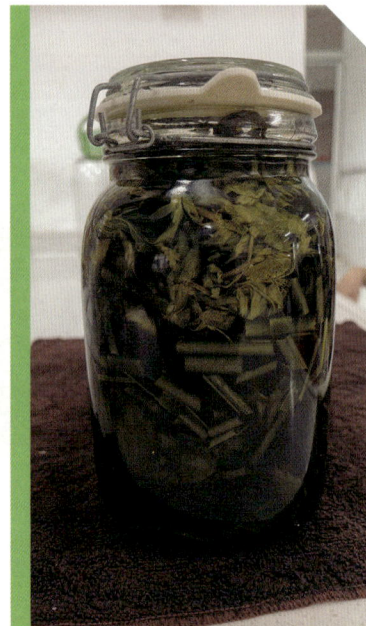

图 7-2-14
四天后浸泡液颜色变深

观察浸泡液后，幼儿倒出一半浸泡液到新瓶中，投放新的浸泡材料（艾草、薄荷、香茅），幼儿观察到新的艾草有一半露在酒精上面。

③ 七天后，幼儿准备好筛网、漏斗、勺子、干净的玻璃瓶，取出浸泡材料。

| 一次材料浸泡七天 | | |
| 两次材料浸泡七天 | | |

图 7-2-15　七天后浸泡材料的变化

教师的思考

　　幼儿获得的经验——幼儿通过亲身体验，观察了植物在不同浸泡条件下的变化，了解了简单的化学现象。

　　教师支持——幼儿提出制作驱蚊水的设想和所需材料后，教师协助幼儿梳理材料清单，并准备好相应的材料。在制作过程中，当幼儿遇到比例、称重等问题时，教师考虑到幼儿的经验主要来源于视频和班级现成的驱蚊水，具有局限性，有计划地引导幼儿理解相关概念和操作方法，培养幼儿的实践操作能力。

　　下一步计划——根据幼儿的不同猜想，教师组织幼

儿将三种不同浸泡液进行对比实验，引导幼儿观察实验结果，分析不同浸泡液的驱蚊效果，培养幼儿的实验和分析能力。

2. 驱蚊水怎么用?

　　驱蚊水已经制作完成，如何使用? 驱蚊水做出来是绿绿的，万一染到衣服上洗不掉怎么办?

图 7-2-16　将驱蚊水喷在白毛巾上

图 7-2-17　白毛巾会染色

教师的思考

幼儿获得的经验——驱蚊水可以喷在皮肤上；驱蚊水会在白色毛巾上留下痕迹，且无法通过简单的搓洗清洗干净。

教师支持——实地验证驱蚊效果。

3. 驱蚊水驱蚊的效果如何?

从幼儿喷驱蚊水后到户外验证的结果来看，驱蚊效果非常好，没有被蚊子咬。

图 7-2-18　喷驱蚊水到户外验证

在正式介绍驱蚊水之前，为给这款凝聚大家心血的产品取一个合适的名字，幼儿开展了一场别开生面的投票活动。经过认真思考和慎重选择，"光明驱蚊水"这一名字以高票脱颖而出。确定好名字后，大家迫不及待地向大家介绍驱蚊水的特点，还邀请大家进行试用，并收集"小客户"们给出的意见反馈。

图 7-2-19　邀请小朋友试用驱蚊水

图 7-2-20　收集意见反馈

教师的思考

　　幼儿获得经验——幼儿发现用双脱醛酒精浸泡药草的驱蚊水好评率最高，用酒精和水浸泡药草的驱蚊水好评率较低。幼儿通过使用感受交流和意见收集，学会了倾听他人的想法和建议，初步树立了产品优化的意识。

　　教师支持——引导幼儿对收集到的信息进行整理和分析，帮助幼儿理解客户需求对于产品改进的重要性。

　　下一步方向——设计制作包装。

4. 如何设计包装?

幼儿收集生活中的包装盒、说明书并对比观察后发现：产品包装能明确告知客户产品的用途、用法，因此设计了驱蚊水瓶身、说明书、包装盒。

（1）瓶身巧妙构思

问题：需要在驱蚊水瓶身上画什么?

弟："光明驱蚊水的字！"

满："画上光明的标志。"

航："光明标志是六个小人！有三个大的人站在前面，手举高，三个小人站在后面，他们每个人的颜色都不一样。"

振："我们校服前面就有光明标志，可以对着画。"

珺："还有蚊子。"

瑾："画喷壶。"

图 7-2-21　调查、了解驱蚊水瓶身的相关信息

教师的思考

幼儿获得经验:

1. 确定瓶身包装要呈现的信息:光明标志、光明驱蚊水、蚊子、喷壶。

2. 最终瓶身设计图

图 7-2-22 幼儿设计的驱蚊水瓶身图

(2)说明书精心设计

致:"万一我奶奶不知道这是驱蚊水,喝到肚子里中毒了怎么办?"

艺:"要告诉大家怎么使用驱蚊水?"

燊:"还有用了什么材料?"

满:"可以把字写上去,但是我奶奶眼睛花,看不见字怎么办?"

教师的思考

幼儿获得经验:

1. 总结说明书需要的要素

表 7-2-2　幼儿设计说明书统计表

产品名称	光明驱蚊水
介绍材料	艾草、薄荷、香茅、双脱醛酒精
使用方法	喷一喷、可接触皮肤、黑色、绿色与可喷
错误用法	不可以喝、不可以喷白色衣服
有效期	一个月
温馨提示	如有不适请勿使用
生产日期	××年××月××日

2. 最终说明书设计图

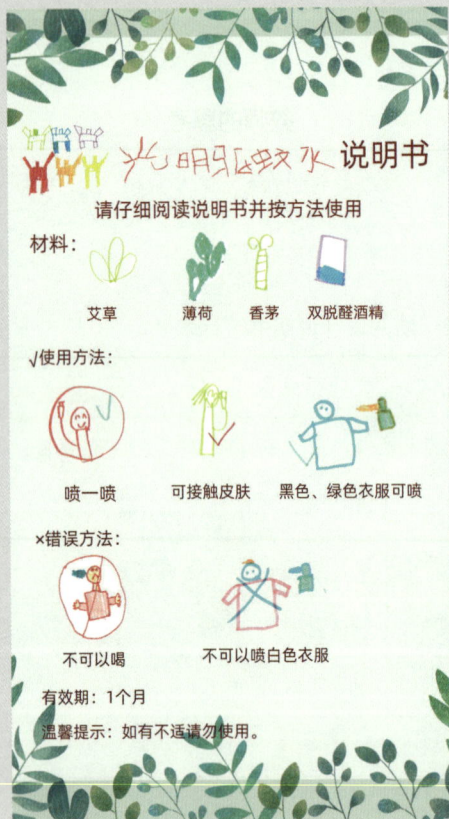

图 7-2-23　驱蚊水说明书设计图

（3）包装盒用心制作

问题：收集回来的包装盒，有大有小，哪种适合我们的驱蚊水？

孝："这个盒子，因为我们的驱蚊水放进去，不会空空的，发出哐哐的声音。"

智："要立在地上，用尺子量一量，就知道盒子大小。"

智："包装盒底部为正方形，边长 4 厘米，高度 12 厘米。"

艺："包装盒打开之后平平的，有一条条折痕，把它画出来，就知道怎么设计包装盒。"

图 7-2-24　测量包装盒

图 7-2-25　幼儿投票选出最喜欢的包装盒设计图

图 7-2-26　回顾花草纸制作经验，包装盒需要硬纸

幼儿尝试用 A4 纸制作包装盒，自由设计之后投票选出自己最喜欢的设计图，并按折痕折叠。

问题：纸太软，驱蚊水放进纸盒容易掉下来，且纸张容易破损。

师幼共同回顾花草纸探究活动，细数各种各样的纸及其作用，确定硬纸才能做驱蚊水的包装盒。

振："有一种机器，可以刷刷刷地印，我们用硬硬的纸去印就好啊。"

孩子们绘制申购单向园长申请采购驱蚊水包装盒，园长向市场询价后告知印刷成本昂贵，建议孩子们更换包装方法。

满："我们可以买白色盒子，把光明驱蚊水这几个字像贴纸一样贴上去就好啦，空白的地方我们还能自由画图。"

图 7-2-27　光明驱蚊水标题和标志设计为贴纸

教师的思考

　　幼儿获得经验：包装盒设计方案：4*4*12cm 的白色包装盒 + 光明驱蚊水贴纸。

（4）分装驱蚊水

① 幼儿按比例将驱蚊水和双脱醛酒精勾兑稀释，利用小漏斗、吸管将驱蚊水装进小喷壶里。

② 幼儿将定制贴纸贴在包装盒上，自主绘制包装。

③ 幼儿将驱蚊水说明书对称折叠，并完成包装。

图 7-2-29
幼儿制作包装盒

图 7-2-30
驱蚊水说明书对折包装

图 7-2-28　幼儿用不同方法分装驱蚊水

教师的思考

　　幼儿获得经验——幼儿能够在观察、理解说明书的基础上，结合生活中的已有经验，解决测量包装盒大小、立体空间、材质等问题，并设计出说明书、包装图、包装盒；在包装盒费用过高的情况下，能灵活调整设计方案。这一系列活动提升了幼儿的动手操作能力、空间认知能力、问题解决能力。

教师支持——在设计与制作包装的过程中，教师发现幼儿 STEAM 素养在不断提升。幼儿在科学、技术、工程、艺术、数学等多个领域的能力都得到了锻炼和发展。

下一步方向——举办光明驱蚊水发布会，为幼儿提供展示成果的平台，培养幼儿的表达能力和自信心，同时增强幼儿的成就感和团队荣誉感。

五　成果展示阶段——光明驱蚊水发布会

1. 如何筹办光明驱蚊水发布会？

葭："我们搞一个发布会吧！向全园的小朋友介绍我们的光明驱蚊水。"

燊："要像哥哥姐姐一样，有入场卡、宣传海报，海报上可以画很大瓶的驱蚊水，写上'光明驱蚊水'，别人一看就知道我们是干嘛的。"

若："平时参观的老师身上都戴牌牌，我们可以让参加发布会的弟弟妹妹都戴牌牌。"

幼儿将自己的想法一一画出，剪贴在海报板上，向全园的小朋友和老师们介绍驱蚊水发布会的时间和地点。小朋友和老师们都纷纷表示，一定会参加。

图 7-2-31　驱蚊水发布会入场卡

图 7-2-32　驱蚊水海报

图 7-2-33　邀请园长妈妈参加发布会

图 7-2-34　园长妈妈们的剪彩仪式

2. 光明驱蚊水发布会

　　幼儿布置发布会现场后，发布会正式开始了！主持人说完开场语之后，幼儿轮番上台介绍"光明驱蚊水"的使用方法、说明书；观看驱蚊水的制作视频；邀请园长剪彩；之后还有好玩的抢答环节，猜对说明书标志的小朋友可以领驱蚊水。最后全体一起合影留念。

图 7-2-35　猜一猜说明书上的图标代表什么意思

图 7-2-36　发布会全体合影

教师的思考

　　幼儿获得经验——"光明驱蚊水"的发布会邀请卡、海报全部由幼儿设计制作，活动现场，他们热情地招待嘉宾，展示驱蚊水并分享活动中的趣事和收获。通过这次活动，幼儿的综合能力得到全面提升，幼儿的自信心和成就感也进一步增强。

六　小结

　　本次中班 STEAM 项目式学习围绕"如何制作光明驱蚊水"展开。活动源于幼儿户外活动时被蚊子困扰的烦恼。活动中，教师引导幼儿抓蚊子，了解其生活习性；然后调查驱蚊方法，因驱蚊香囊效果不佳，便尝试制作光明驱蚊水。制作时，幼儿分组合作，经历材料选取、浸泡观察等过程，探究使用方法和效果，收集试用反馈。后来幼儿确定瓶身、说明书、包装盒设计方案、分装方式并举办了发布会。

　　通过这一项目活动，幼儿接触到植物、化学等多领域知识；观察、思考、动手和解决问题的能力得到锻炼，团队协作与沟通能力也有所提升，有助于他们保持对自然的热爱与好奇，面对困难积极应对。发布会的成功举办更是增强了幼儿的自信心和成就感，小朋友们也由此体会到了团队合作的力量。

（案例提供：珠海市兴明幼儿园　黄海燕　曾雯）

案例三 大班 STEAM 项目式学习案例：你好！放线机器人

——如何制作能够自动旋转放线的机器人？

一 活动缘起

小朋友们围坐在一起，兴奋地展示着自己制作的放线器。这些造型独特的放线器，是小朋友们亲手用纸盒、木棍和绳子等材料制作的，每当毛线团需要放线时，它们总能派上用场。然而，随着使用次数的增加，一个问题逐渐浮出了水面——收线太麻烦了！

图 7-3-1 幼儿使用盒子放线器

图 7-3-2 幼儿使用手摇放线器

泽泽："放出的线太多，收线就要花很久的时间。"

淳淳："毛线太重了，手摇收线好累啊！"

小花："大家一起合作收线吧！"

楷楷："我们可以让线团自动旋转放线和收线！"

一场关于自动旋转收放线的探索之旅就此拉开序幕。

二 教师分析

结合大班幼儿特点，教师对"自动旋转放线"这个主题进行了讨论和分析。

1. 学习价值

"自动旋转放线"主题充分契合大班幼儿爱探索、善思考的年龄特点，蕴含丰富的教育价值。在探索如何让线团自动旋转时，幼儿可以发现风力、电力、水力等不同动力源，直观感知能量转换与物理原理，有助于科学探究精神与观察力的培养；在设计和调整自动放线装置过程中，幼儿可能要综合考虑材料特性、结构稳定性等多因素，这能够提升其工程思维与问题解决能力；还可能通过测量放线长度、记录旋转速度，深化数学认知；在小组合作中，幼儿需要共同规划设计方案、分工协作，发展沟通能力与团队意识；过程中面对失败不断调整优化，可以锻炼抗挫力与坚持性，从而实现多领域核心素养的全面发展。

2. 幼儿经验梳理

大班幼儿在日常生活中对风力、水力、电力有初步感知，比如感受过风吹动物体、水流推动玩具、电器通电运转等现象，积累了对自然力和能量的感性认识。在技术操作方面，他们能够熟练使用剪刀、胶带等工具制作简易装置，具备一定的动手能力；在科学探索方面，已接触过沉浮、磁力等探究内容，掌握观察、预测、记录等科学探究方法；具备测量、比较、统计的基础技能。同时，幼儿在以往的 STEAM 项目式学习活动中也积累了合作交流的经验，这些都为探究"自动旋转放线"主题奠定了经验基础。

三　探究阶段

1. 什么物品能够自动旋转？它们为什么能够旋转呢？

楷楷的提议激发了大家的讨论兴趣，但如何实现线团的自动旋转呢？小朋友们一时之间也摸不着头脑。于是，教师以"生活中有哪些物品是自动旋转的？"这一问题为切入点，和幼儿一起梳理了关于"自动旋转物品"的经验。小朋友们列举出了许多自动旋转的物品：风扇、旋转木马、时钟、电转机、大风车、螺旋桨、机器人……

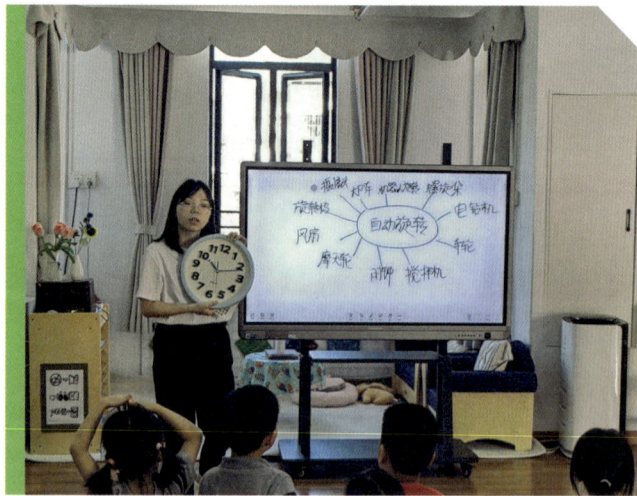

图 7-3-3　幼儿讨论自动旋转物品

可是"这些物品是怎么实现自动旋转的呢？"带着这个问题，周末小朋友们和家长一起从身边的物品入手开展了调查研究，并在班级进行了经验的分享。大家发现风扇、时钟、洗衣机等物品是依靠电与马达转动，而像风车这样的物品动作依靠的是风力，水车则是依靠水力。这些发现让小朋友们大开眼界，同时大家认为水力和风力不能帮助实现线圈的自动旋转，我们需要依靠电力（马达）才能解决问题，于是我们的研究方向也更加明确了。

在讨论的过程中，楷楷再次提出了制作自动放线机器人的想法，他在调查中发现"机器人可以帮我们人类干很多活"，于是提议："我们可以直接设计一个自动旋转放线的机器人！"这个提议立刻吸引了所有小朋友的注意力。在班级会议审议中，大家都支持楷楷的想法，并最终产生了驱动性问题：如何制作能够自动旋转放线的机器人？

教师的思考

幼儿获得经验——从身边熟悉的事物入手，幼儿通过调查研究和经验共享等方式，建构起关于"自动旋转"这一关键词的共同经验，为下一步研究明确的方向。

教师支持——对于幼儿的决策给予最大程度的支持，"放线机器人"这一项目对于幼儿具有较大的挑战性，教师在班级课程审议中先行进行研究，预见幼儿可能会遇到的问题和挑战，并在实际过程中给予适当支持。

下一步方向——丰富幼儿关于"马达"的经验。

2. 如何让线团自动旋转呢？

了解到马达的神奇之处后，小朋友开始收集各种各样的马达（乐高马达、超大马达、中号马达、小马达）并进一步挖掘出了它们的"小秘密"，原来马达通上电后它的转轴能够转动！

图 7-3-4　幼儿探究乐高马达

图 7-3-5 幼儿探究超大马达

图 7-3-6 幼儿探究小马达

图 7-3-7 幼儿探究中号马达

有了新发现后，小朋友们认为可利用马达的转轴带动线团转动。虽然想法很美好，现实却给了大家一锤"重击"。由于转轴过短和马力不足导致线圈并没有如预期那样转动，但是大家没有气馁，很快提出更换马力更强的超大马达和乐高马达，并加长了它们的转轴，问题也得到了顺利解决，还偶然发现了乐高马达的一个神奇功能——它可以调节转动方向，从而实现放线与收线两种功能。

图 7-3-8 幼儿测试马达放线效果

教师的思考

幼儿获得经验——了解马达的工作原理，并根据原理多次测试马达带动线团转动的效果，共同合作优化其中出现的各项问题。

教师支持——与幼儿一起收集各种马达，并在区域中投放材料，支持幼儿在玩中学，激发幼儿的探究兴趣。

下一步方向——了解各种机器人的结构特点，为设计放线机器人奠定经验基础。

3. 机器人是什么样的呢?

想要制作出实用的放线机器人，小朋友们不可避免地要了解机器人。大家纷纷回忆自己见过的机器人，扫地机器人、送餐机器人成为讨论的焦点。最初，小朋友们认为机器人的结构应该和人一样，这是大家对机器人的一种直观理解。教师意识到小朋友们对机器人形象的认识还比较局限，于是再次发放问卷，鼓励大家去寻找更多不一样的机器人。在家长的陪同下，小朋友们发现了许多有趣的机器人，机器狗、机器鱼、蜻蜓机器人等仿生机器人让大家惊叹不已。

小朋友们也一起总结了机器人的特点：①机器人可以帮小朋友做事情；②机器人是被遥控的；③机器人"吃"电，幼儿吃饭；④机器人由很多零件组成，不像人身体里面有血管；⑤机器人是各种形状的；⑥机器人是很坚硬的。

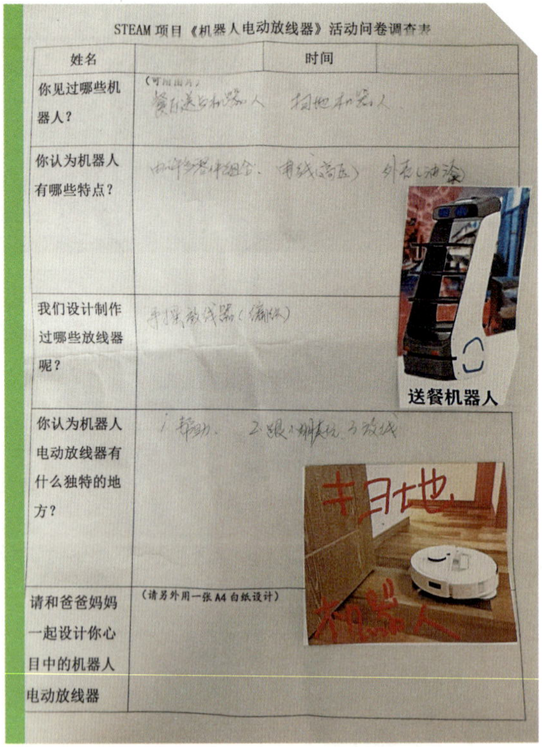

图 7-3-9　关于机器人的调查问卷

教师的思考

幼儿获得经验——幼儿获得了关于机器人的基础性经验，利用讨论的形式将经验进行共享，为后续设计放线机器人奠定坚实基础。

教师支持——通过讨论教师发现幼儿关于"机器人"经验的局限性后，及时思考如何利用家长资源帮助幼儿扩充经验。

下一步方向——基于机器人的已有经验设计放线机器人。

四 设计与实施阶段

1. 放线机器人是什么样子?

（1）第一次设计放线机器人

有了对机器人和马达的初步了解，小朋友迫不及待地开始了放线机器人的设计。

泽泽："可以在机器人的肚子里面放线和收线，像送餐机器人那样!"

彤彤："机器人的毛线可以从它的耳朵、眼睛还有嘴巴里面出来!"

然而，当小朋友把自己的设计图画出来后，问题也随之暴露出来。有的设计只考虑了机器人的外形特点，没有考虑如何让它能够

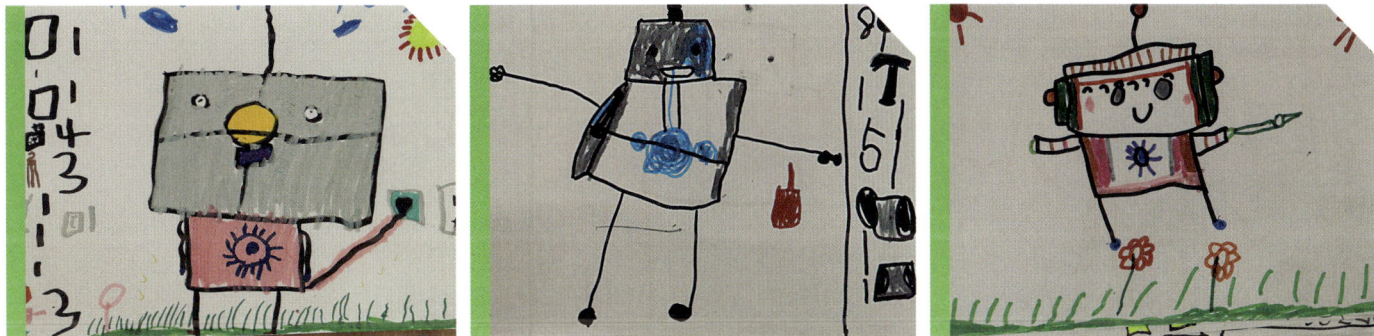

图 7-3-10 幼儿第一次设计放线机器人的表征

自动收放线；有的设计则忽略了机器人的结构合理性……这让小朋友有些失落，但同时也让他们意识到设计并不是一件简单的事情，需要综合考虑到很多方面的因素。

（2）第二次设计放线机器人

小朋友们并没有气馁，而是更加认真地思考如何改进。大家再次围坐在一起，对马达的安装位置和机器人的外形特点进行了更深入的讨论。

图 7-3-11　幼儿第二次设计放线机器人的表征

清清："毛线放在机器人的肚子里自动旋转，马达的转轴也要装在肚子里面。"

泽泽："电池开关要装在机器人肚子的外面，可以随时开关。"

通过多次讨论和修改，大家的设计图越来越完善，他们也更加明确了自己要制作的放线机器人的特点和功能。

教师的思考

幼儿获得经验——幼儿通过多次表征设计解决了机器人的结构问题，在设计中理清了放线机器人的工作原理，在这一阶段中创造思维和逻辑思维得到发展。

教师支持——利用幼儿自评和他评的方式发现设计中存在的不足，进一步帮助幼儿完善设计图，提高幼儿的规划设计能力。

下一步方向——探讨制作放线机器人所需材料，制定计划。

2. 如何制作放线机器人呢？

设计图完成后，小朋友们开始忙活着从幼儿园和家中收集各种各样的材料。

图 7-3-12 幼儿收集制作材料

有了设计图和材料，小朋友们开始自由结伴合作制作放线机器人。大家发现有的材料虽然坚固但不易加工；有的材料加工方便但不够坚固。于是，小朋友们开始尝试将不同材料组合起来使用，以达到最佳效果。

图 7-3-13 幼儿合作制作的放线机器人

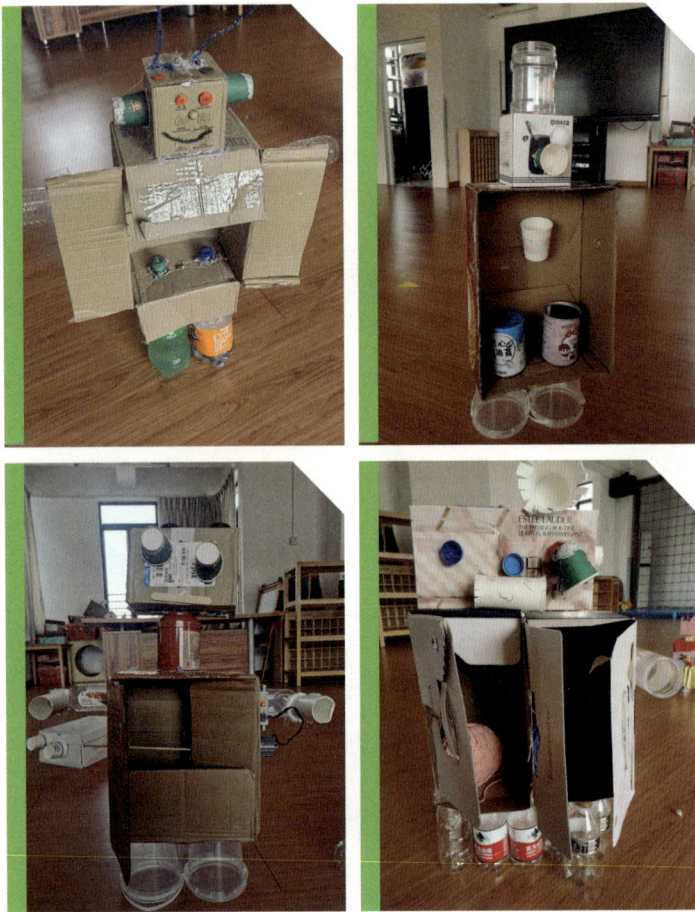

图 7-3-14　放线机器人 1.0 版

然而，当放线机器人产品出现的那一刻，大家都"震惊不已"——放线机器人竟然不能放线！原来，有的小组忘记装马达了，有的小组虽然装了马达，可是没一会儿马达就从机器人身上掉了下来。

时至周五，由于教室空间限制，小朋友们把放线机器人放在四楼仓库中进行存储。可等到周一再拿出来时却发现——机器人被压坏了！这可怎么办呢？通过观察和讨论，小朋友们发现了其中的原因——选择的材料不够坚固。

针对这些问题，小朋友们决定重新收集更加坚固的材料来制作放线机器人，并决定先制作机器人放线的结构再制作其他部位。

教师的思考

幼儿获得经验——幼儿通过实践操作，合作能力、沟通能力得到了发展，同时，幼儿面对困难和挑战的应对能力有所提升，能够在失败中寻找到合适的解决办法。

教师支持——鼓励幼儿勇于试错，在错误中吸取经验。

下一步方向——收集坚固材料继续制作，关注机器人结构的衔接问题。

3. 如何制作更加坚固的放线机器人？

小朋友们花了整整一周的时间再次收集了更加坚固的材料，并对收集的材料进行了测试筛选。最终，大家选择了塑料制品、铁制品、木箱、硬纸盒等较为坚硬的材料进行制作。

根据选择材料的不同，幼儿被分为木箱组、塑料箱组和纸箱组，并按此分组制作放线机器人。在制作过程中，大家遇到了许多问题，但通过不断测试、反思和讨论，最终都找到了解决方法。

再次收集材料 → 筛选坚固材料

图 7-3-15 再次收集筛选坚固材料

表 7-3-1 胖墩机器人制作过程中出现的系列问题

出现的问题	解决办法 1	解决办法 2	解决办法 3
1. 木箱如何固定连接	热熔胶固定 × 不方便开关换线	绳子固定 × 不牢固，木箱松动	合页连接 √
2. 合页太大，木箱侧面太薄，不能安装螺丝	更换小合页 √		
3. 如何加长转轴	热熔胶固定 × 堵住洞口	绳子固定 √	
4. 转轴转动过程中尾部碰撞到木箱底部	木块支撑尾部 × 木块太低，转轴加上线团后，线圈也会碰到底部	选择更高的镂空格子方块支撑尾部 √ 镂空的格子缩小转轴转动范围	
5. 转轴卡住塑料箱洞口	取下马达，把洞洞开大 × 马达粘太牢固取不下	把转轴变细，切割掉部分加长的马达 √	
6. 装上毛线后转轴容易掉	尾部加装支撑柱 √		
7. 马达的电线坏了，但是马达粘太牢固不能替换	在另一侧重新开洞装马达 √		

木箱组

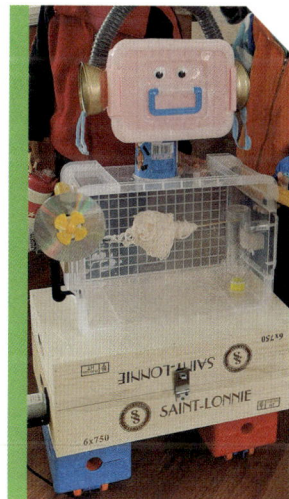

图 7-3-16 胖墩机器人

图 7-3-17　请专家安装合页

图 7-3-18　合作安装马达

图 7-3-19　测试马达放线效果

图 7-3-20　安装马达效果图

图 7-3-21　安装机器人耳朵

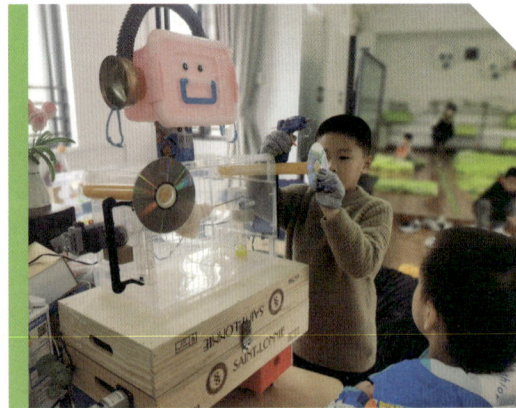

图 7-3-22　安装机器人手臂

图 7-3-2　电话机器人制作过程中出现的系列问题

出现问题	解决办法 1	解决办法 2
1. 怎么给纸箱开洞？	用剪刀 √ 不美观	电热切割笔 √ 容易冒烟需要准备湿纸巾
2. 小朋友将电源更换电池的部位粘在纸箱侧面，不方便更换电池怎么办	调整电源的安装方向√	
3. 转轴太短，一侧没有支撑容易掉怎么办？	更换安装方向 ×	使用 PVC 管道连接转轴并支撑 √
4. 毛线缠绕木棍，不方便整理	线团两侧增加圆片√	
5. 转轴能动，但是线团不动	把线团内侧粘在转轴上，让转轴带着线团转动√	

纸箱组

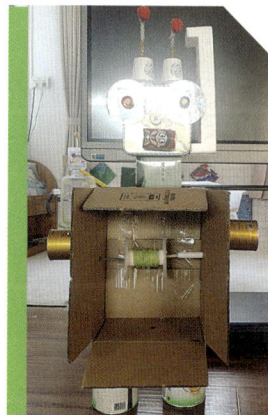

图 7-3-23　电话机器人

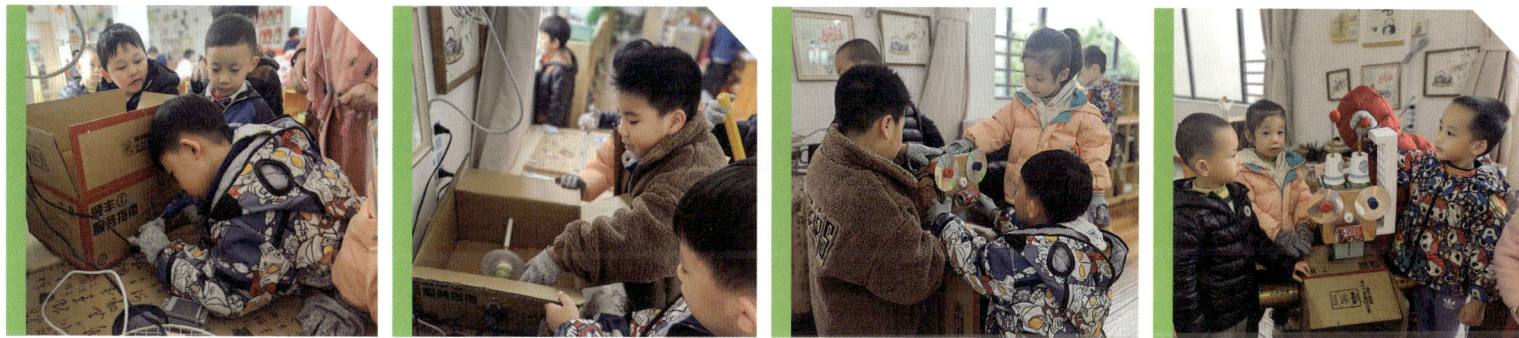

图 7-3-24　幼儿合作制作电话机器人

图 7-3-3　黄金机器人制作过程中出现的系列问题

出现问题	解决办法
1. 大马达只能往一个方向转动，不能满足收放线两个条件？	更换乐高马达
2. 马达粘不牢，往下掉？	在马达下方加装积木支撑它
3. 转动过程中线团缠绕在转轴上？	两侧加装圆片
4. 天线粘不牢固，容易歪歪扭扭？	在脑袋上开一个洞，插在上

塑料箱组

图 7-3-25　黄金机器人

图 7-3-26　幼儿合作制作黄金机器人

教师的思考

幼儿获得经验——通过小组合作方式，幼儿的团队意识在不断加强，在实践中对于各种工具的使用更加熟练，操作技巧不断提升，同时各项精细工作的完成让小肌肉得到充分发展。

教师支持——及时组织幼儿反思，利用集体讨论的方式交流遇到的共性问题以及解决方法，拓宽幼儿解决问题的思路。

下一步方向——测试各放线机器人的使用效果，并进行优化。

4. 如何优化放线机器人？

虽然放线机器人已经基本达到了预期的效果，但是小朋友们并没有满足于此，而是继续寻找可以改进的地方以让机器人更加完美。通过不断地测试和优化放线机器人变得越来越有创意。

优化前	优化后	优化部位
		1. 会说话的嘴巴 2. 方便开关的门 3. 增加 PVC 管收线通道，防止线缠绕转轴 4. 替换更加能够支撑脑袋的脖子
	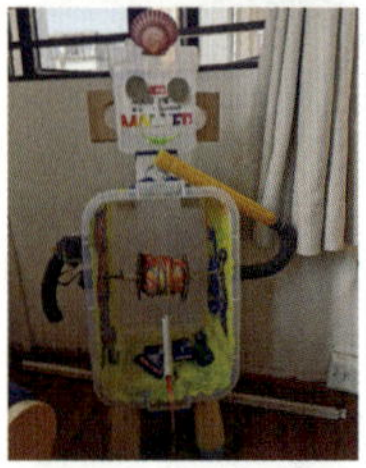	1. 增加皇冠 2. 增加 PVC 管收线通道，防止线缠绕转轴
	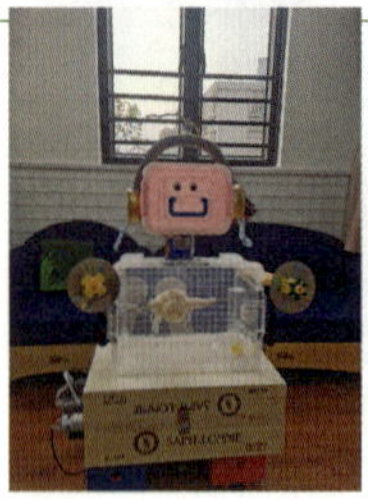	1. 头顶增加旋转螺旋桨 2. 加装收纳电线的塑料桶 3. 增加了发光手臂和发光耳机

图 7-3-27   放线机器人优化前后对比图

朋友们展开了讨论，决定举办一场放线机器人发布会来宣传自己的成果。小朋友们商讨了发布会的流程、需要准备的事项以及邀请的方式等，并制作了邀请函和海报。

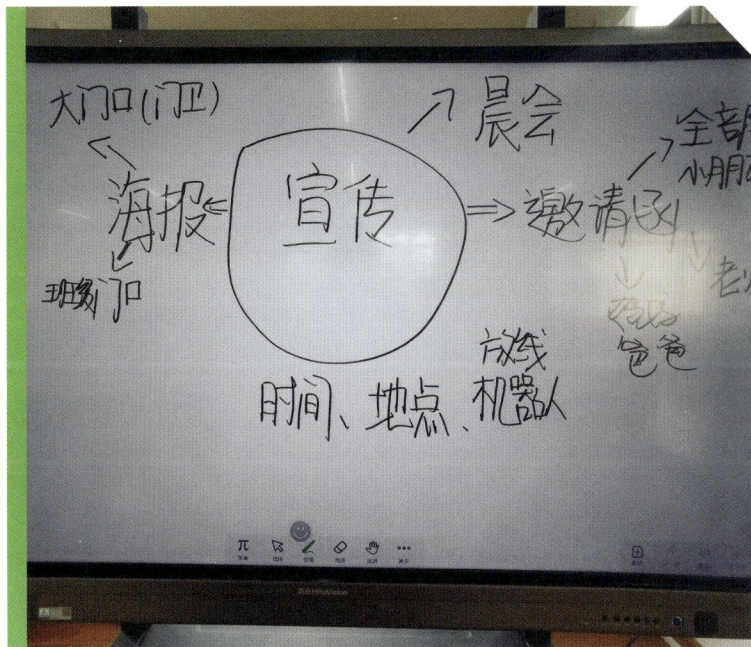

图 7-3-28 讨论宣传方式图

教师的思考

幼儿获得经验——对于测试出现的问题，幼儿进行了反思与讨论，调动科学、数学、技术等综合经验去思考，共同探究有效的解决方法，从而进一步优化放线机器人。

教师支持——支持幼儿共享经验，整合优秀的制作经验并迁移运用到本组放线机器人产品中，引导幼儿"站在巨人的肩膀上"再创造。

下一步方向——思考如何宣传放线机器人。

五　成果展示阶段

1. 如何宣传我们的放线机器人呢?

经过几个月的努力，小朋友们的放线机器人终于制作完成了，大家迫不及待地想要展示自己的成果并分享给更多的人。于是，小

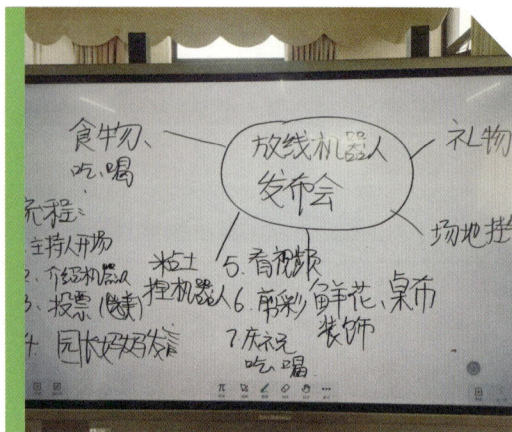

图 7-3-29　讨论发布会流程

图 7-3-30　布置会场

图 7-3-31　粘贴宣传海报

图 7-3-32　制作礼物

图 7-3-33　发放邀请函

2. 举办放线机器人发布会

发布会这天终于到来，在大家的掌声和欢呼声中，大四班的小朋友与园长妈妈一起进行了剪彩仪式，庆祝放线机器人制作成功。班级还派了代表介绍三个机器人：胖墩、小电、黄金，小朋友还为大家准备了美食和礼物，让来宾们感受到了他们的热情和用心。

图 7-3-34　与园长妈妈一起为放线机器人剪彩

图 7-3-35　幼儿介绍放线机器人

教师的思考

幼儿获得经验——发布会的成功策划以及展会中来自成人和其他班幼儿对放线机器人的欣赏和认可，让幼儿体验到了双倍的成就感和自豪感。在这个阶段，幼儿的空间规划能力、语言表达能力都得到了充分发展。

教师支持——调动幼儿已有的关于"神奇放线器展览会"的经验，并引导幼儿进行经验迁移运用。

六   小结

在"你好！放线机器人"STEAM 项目式学习活动中，幼儿经历了从发现问题、探索解决方案到最终制作成功并宣传展示的完整过程。这一过程中，他们的成长与收获是显而易见的。幼儿不仅知道了如何制作能够自动旋转放线的机器人，更重要的是，他们在探究、设计、制作和优化过程中，培养了解决问题的能力、团队合作的精神、创新思维以及面对挑战不放弃的坚韧品质。通过实际操作和亲身体验，幼儿对科技产品的兴趣和热爱得到了激发，感受到科技改变生活的魅力，同时也为他们未来的学习和生活奠定了坚实的基础。这次活动让幼儿在动手实践中获得了宝贵的经验和成长，让他们的童年更加丰富多彩。

同时，教师也对本项目进行了复盘和思考：

1. 安全性有待提高

在实践过程中，幼儿会使用到较多的电动工具，有一定潜在危险，需要教师更多关注。

2. 驱动性问题理解存在偏差

部分小组幼儿在实践过程中只关注机器人外形的制作，而忽视放线这一功能。

（案例提供：珠海市光明幼儿园　赵晴　吴丽平）

案例四　大班 STEAM 项目式学习案例："定格·我的彩色童年"

——如何在紫荆办一场毕业艺术展？

一　活动缘起

随着毕业季的临近，老师们已经为孩子们做了一些关于毕业的铺垫，让他们对即将离开幼儿园有了初步的认识。因此，教室里偶尔会弥漫着一丝离别的伤感。这天周五，午餐照旧是幼儿最爱的"焗饭"，在吃饭中一场关于"舍不得"的话题展开了……

形形："我有一点伤心，因为我不想离开幼儿园。我舍不得幼儿园每个月的自助餐，特别是芝士焗饭。"

鹏鹏："我也是，我舍不得幼儿园的鱼池，我很爱在里面喂鱼。"

可可："我舍不得天台上种的大西瓜，我好想看着它们长得更大呀！"

玥玥："我最舍不得幼儿园的大滑梯，如果能永远留在这里就好了。"

面对幼儿的不舍与感伤，教师抓住教育契机，组织幼儿集中讨论——如何表达不舍。大家众说纷纭，随后话题聚焦在了给幼儿园留什么样的纪念品上，大家给的方案中，有照片、个人作品、教师画像等。

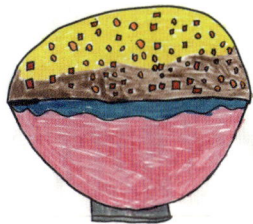

图 7-4-1
幼儿作品"芝士焗饭"

在对纪念品的讨论中，方向逐渐清晰起来：一场属于大班幼儿的展览是可以实现的。于是，在教师的提问引导下，话题最终转移到了大班幼儿艺术展上……

二　教师分析

结合幼儿已有经验和未知经验，教师进行了项目分析。

1. 学习价值

幼儿入园即开始幼小衔接，在大班的最后一学期，教师希望通过更具挑战、更有针对性的项目探究活动帮助幼儿做好各项衔接准备，提升能力发展，梳理正向的情感态度及价值观。组织一场幼儿艺术展，可以在选址、作品呈现、制作过程、布展、产品宣发等环节，充分体现幼儿的主观能动意识，培养其学习内驱力，促进其达成深度学习和团队间的高质合作。

艺术展以项目形式开展，能够始终以真实问题为导向，用问题激发学习动力，推动求知欲望。这种模式尤其适合在幼升小阶段开展，在关键期帮助幼儿培养问题意识，构建完整的思维链条，实现深度学习和成长。

2. 幼儿经验梳理

大班幼儿从未有过开办展览的活动经验，经过数据统计，有 30% 的幼儿有过观展经历。对于什么是展览，幼儿的经验停留在它是很多作品聚集在一起的模糊印象。然而，具体到作品有哪些种类并不清晰，对于作品可以有哪些展现形式、哪些布置方法、哪些宣发方向等，幼儿是缺乏经验的，这让我们看到了该项目的多重价值，决定继续引导幼儿深入探究展览。同时，教师也产生了相关的四点思考：

① 如何深挖该项目探究活动的价值？

② 如何获取充足的项目活动资源？

③ 如何调动大班级组一起参与？

④ 项目活动中如何充分体现可操作性？

带着思考，师幼共同开启了艺术展探究之路。

三　探究阶段

1. 艺术展如何邀请其他班级一起参与？

大班艺术展只有和心班显然是不够的，那么如何邀请其他班级一起参与进来呢？幼儿想出了两种方法——发送邀请函和介绍艺术展想法，接着大家兵分两路，开启了级组联盟的"初实践"。

邀请函组的轩轩："我们和心班想要办一场毕业艺术展，可以邀请你们一起加入吗？"

艺术展想法介绍组："我们想把自己的照片、社团作品、手工作品展示在幼儿园里，留下纪念，等我们毕业了，以后弟弟妹妹还可以看到，也会想起我们。"

就这样，在和心班的邀请下，其他三个班级达成了共识，欣然加入了毕业艺术展的项目阵营。

图 7-4-2　幼儿邀请其他班级加入

图 7-4-3　幼儿送出邀请函

图 7-4-4 幼儿介绍艺术展想法

教师的思考

幼儿获得经验——此阶段，幼儿首次走出班级，用不同的方式去获取认同，这一过程让他们共同建构了采访表达、社交礼仪、分工合作等各种经验，也为级组联动打下了良好基础。

教师支持——幼儿对"展览"的心愿，呈现出他们对幼儿园强烈的归属感和毕业前表达不舍的独特视角，教师充分给予了幼儿"决定权"，培养项目主人翁意识。

下一步方向——丰富级组幼儿对于展览的经验，从而产生对于展览的更多问题。

2. 什么是艺术展?

师幼决定共赴一场"艺术展"，可是"艺术展"到底是什么呢? 大家要做哪些准备?

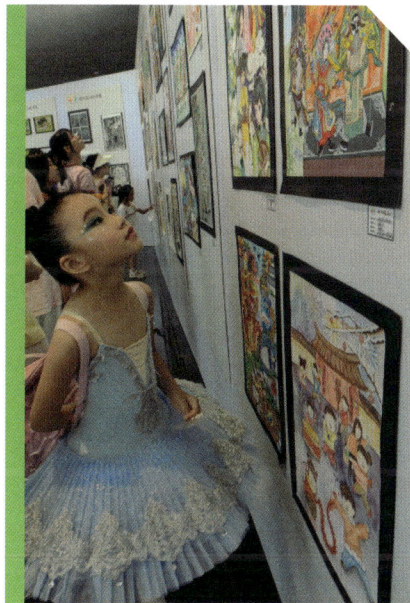

图 7-4-5 幼儿参观展览馆

周末，紫荆大班的亲子们开展了"珠海一日游"，走进了大大小小的展览馆，进行实地调研。带着答案，幼儿回园后分别在班级和级组间进行经验共享：原来，艺术展作品百花齐放，有平面、立体、吊饰、墙面等不同形式；展览都有一个大主题，而每个展区又可以有不同的小主题；布置展区需考虑整体空间布局，高低错落会更有美感，非常考验颜色的搭配；作品可以使用丰富的材料；展览的地点要合适。

教师的思考

幼儿获得经验——幼儿获得了关于展览的多项基础性经验，通过集体讨论的形式，将个别经验转换成为共同经验，为项目探究打下了良好的基底。

教师支持——对于展览，师幼进行了级组的先行研究，当幼儿的表达呈现零碎状态时，通过作品、布展、选址三个关键词帮助幼儿将经验进行有逻辑的梳理。

下一步方向——根据上方讨论出来的选址因素确定布展地点，每个班级认领自己的所属展区。

3. 在哪里办艺术展呢?

有了丰富的经验后，师幼布展的信心又多了一层。可是，幼儿园这么大，在哪里办艺术展呢? 大家决定寻找一个最合适的地点。于是，小朋友们走遍了幼儿园的角角落落，他们就像小小"考察员"，拿着纸笔写写画画，记录心仪的地点。接下来，各班级推选了 2 位幼儿代表，参加了大班级组艺术展第一次儿童会议。

关于展会地点，班级代表们进行了一场小小的辩论赛。表 7-4-1 是幼儿关于展会地点的辩论和评选情况梳理。

图 7-4-6　音乐厅、天台、操场、大厅

表 7-4-1　幼儿园不同地点的优劣势比较和评选

地点	优势	劣势	评星
音乐厅	不用担心 下雨	其他活动需 要用场地	★★
天台	很漂亮 绿绿的	比较小 爬楼梯很累	★
操场	又宽又大	下雨会淋湿 作品	★★★
大厅	光线好 空间大 好陈列 人流量多	无	★★★★★

最终，大厅全票通过，被选为此次布展的地点。

教师的思考

幼儿获得经验——幼儿获得在选址上需考虑天气、大小、光线、人流等因素的经验，同时，第一次儿童会议促进了级组之间的合作与沟通，有效地提升了幼儿的辩证思维能力，让他们学会从不同的角度全面而周到地思考问题。

教师支持——因幼儿缺乏经验，本次儿童会议由教师担任主持人，通过提问引导幼儿在选址上抽丝剥茧，将思考引向更深层次。

下一步方向——各班级确定布展作品，选择展区。

4. 艺术展展什么？如何分配展区？

有了第一次成功的儿童会议，幼儿带着任务回到班级，传达了会议的重点内容，各班级开始商讨计划展览的作品。最终，孩子们用自己的方式——投票决定，选出了最佳展览作品，为了让级组四个班级明确"展什么"和分配展区，于是，第二次儿童会议如期召开，这次主持人交给了和雅班的浠浠，记录员由和鸣班的繁繁担任，浠浠提前设计了自己的提问。

浠浠："你们每个班想展览什么？在哪里展览？"

和雅班："我们想在墙上展示我们和老师的自画像，用很多不同的材料。"

和心班："我们想在大厅的一个角落做一个大大的紫荆小镇，小镇里有很多居民，还有房子、游乐园……"

和鸣班："我们班喜欢扎染，我们想在大厅打造一个扎染世界，蓝蓝的，有很多不同的扎染作品，大家看了都很舒服，这需要一个比较大的地方，因为我们想挂扎染布。我们还想用线编一个彩虹屋顶，五颜六色的，非常漂亮。"

　　和韵班："我们班最喜欢捏泥，我们打算用泥捏出最喜欢的东西，再做一条圆木片小路，圆木片上画上我们在幼儿园里难忘的回忆。"

　　幼儿表达了展出什么作品的想法，但是对于哪个展区没有概念。基于幼儿直观学习的特点，在教师的提醒下，浠浠带着大家一起来到大厅，每个班级根据作品特点最终确定了布置的展区。

图 7-4-8　制作紫荆小镇

图 7-4-7　制作扎染作品

图 7-4-9　制作陶泥作品

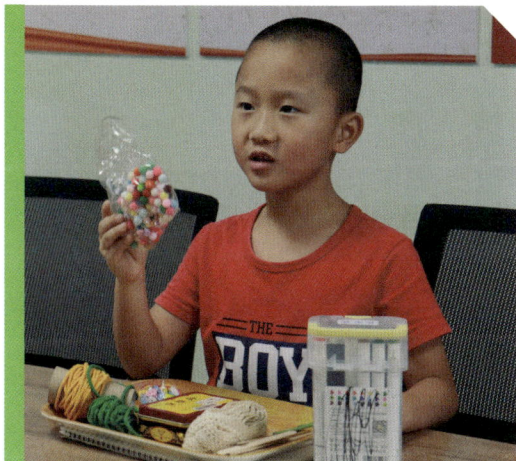

图 7-4-10　制作自画像

教师的思考

幼儿获得经验——在完全自主的儿童会议中激发了布展的内驱力，对于艺术展的已知经验更加丰富，在联动和合作中，幼儿的分工意识、沟通能力得到迅速成长。

教师支持——适时介入，支架幼儿拓宽思维，让幼儿们懂得选择展区需要结合作品的特点和作品的呈现形式。

下一步方向——制定艺术展布展计划，正式入项。

经过两次儿童会议，幼儿确定了艺术展的布展地点、各班级作品准备事项、7 个展区的划分，并最终产生了驱动性问题：

如何在紫荆办一场毕业艺术展？

图 7-4-11　项目招标会

带着这个驱动性问题，师幼开启了"项目招标会议"，分头邀请了幼儿园各个专业技术人员——园长妈妈、电工叔叔、美术老师参与到项目组里。这样一来既为活动提供资源和技术支持，也为艺术展的后期开展建立坚实后盾。接着各班级制定了作品行动计划，艺术展由此正式开工……

教师的思考

幼儿获得经验——提升了幼儿的计划和表征能力；善于迁移已有的生活经验，把自己看到的、接触到的，都表现在设计里。

教师支持——什么是最完善的计划，教师再次把问题抛给了幼儿，启发他们新一轮的思考，引导孩子从关注自我的喜好到共情周围的世界。

下一步方向——各班级制作展览作品，回顾作品制作过程，吸收经验不断完善；将作品布置到相应的展览区域中。

四　设计与实施阶段

带着计划，各班级投入到了艺术展作品的筹备中，但筹备之路并非一帆风顺，一起看看大班师幼们的疑难化解之路吧！

1. 如何建造大型纸艺作品——紫荆小镇？

和心班幼儿计划打造大型纸艺作品——紫荆小镇，吃喝玩乐，一应俱全，然而想法实践的过程充满了荆棘。从设计到落成，孩子们接受了一个又一个的挑战……

（1）如何设计紫荆小镇？

自从诞生了打造"紫荆小镇"的想法后，幼儿兴趣颇为浓厚，纷纷提出了自己的设想，大家希望小镇有游乐场、美食街、超市、

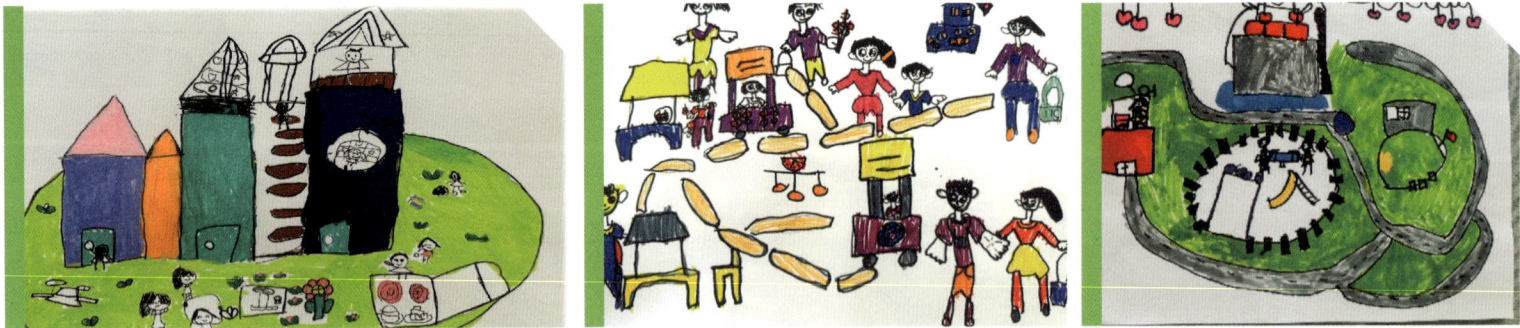

图 7-4-12　紫荆小镇设计表征

双层酒店、幼儿园……

　　教师："我们有这么多的想法，如何去实践呢？"

　　熙熙："老师，我们可以把想要的先画下来。"

　　在熙熙小朋友的建议中，大家开始设计表征，绘制自己对于紫荆小镇的想法。

　　面对诸多不同内容的设计图，教师组织幼儿以"魔法毯"的形式开展了一场"假装"的旅行，在故事的代入里，幼儿发现了设计存在的问题。

　　思思："他的设计图只有美食街，没有住的地方，我们商量好

图 7-4-13　紫荆小镇最终设计稿

的酒店和幼儿园都没看到。"

　　轩轩："这些小镇不太好玩，一下子就逛完了，小班和中班的弟弟妹妹肯定不喜欢。"

　　繁繁："我们的小镇很多都是房子，没有东西，空荡荡的。"

　　倾听了幼儿的表达与发现后，教师把问题再次抛出去："如何优化我们的设计呢？"大家提出了去采访别的班级和小班中班的弟弟妹妹，听听大家的想法。于是，和心班幼儿开启了一轮园内调研，综合了大家的意见后，班级最终确定了紫荆小镇的设计图。

教师的思考

　　幼儿获得经验——此环节幼儿通过反复设计表征从而解决了小镇大体构造的问题，同时还想到了设计过程中去考虑他人的需求，通过设计阶段促就了幼儿高阶思维的发展。

　　教师支持——运用教学支架"魔法毯"引导幼儿在游戏情境中建立同理心、发展创造力，提升了其设计的创造性。

　　下一步方向——寻找材料，制定施工计划。

（2）怎么制作房子？

确定设计图后，班级幼儿自由组合，分成了酒店民宿组、公园组、美食城组、小区组、幼儿园组，各组制定了施工计划，开始寻找合适的施工材料。接下来，用什么纸来做出这些建筑物呢？为此，幼儿搜寻了折纸、卡纸、报纸、亮片纸、纸皮，一一进行实践、记录结果，最后得出结论：最适合的是纸皮，不仅有硬度，还能承重。

找到了合适的材料，下一步幼儿开始拼搭起房子，有经验的幼儿开始先行实验，并示范了自己的拼搭方法。

雯雯："剪两个一样的正方形和长方形，用胶枪粘在一起，再剪两个三角形做屋顶。"	熙熙："先剪出两个正方形的纸皮，对齐再剪出另一个一样的，不整齐就修一下。"	璐璐："两个人合作粘和剪，粘的时候对齐边，粘完第一遍后再补一遍，这样会更牢固。"	洋洋："先剪出两个长方形，再一个个对折，然后用胶枪粘起来，胶枪要打在边上。"

图 7-4-14　制作紫荆小镇的房子

房子在同伴示范、互相带动、经验共享中越做越多，越做越熟练。

教师的思考

幼儿获得经验——通过对比、观察的方式确定最终合适的物品，掌握了立体建筑的拼搭方法，通过同伴间的相互学习，锻炼了输出能力。

教师支持——给予幼儿充足探索和试错的机会，并提醒孩子要善于总结失败的经验。通过幼幼带动的支架手段，增强幼儿的探索兴趣。

下一步方向——进行小镇的初次摆设。

（3）怎么把房子布置成紫荆小镇？

房子都做好了，幼儿拿着设计图开始了第一次布置，然而却遭遇了小镇"滑铁卢"，设计图与最终成品差别实在太大。教师和幼儿一起围着"紫荆小镇"，展开了观察、复盘与小镇的五次优化旅程。

第一次布置	发现的问题： 房子都紧紧挨在了一起，区域规划不合理。	解决方案： 根据设计图规划区域布局：美食区、休闲区、住宅区等。迁移生活经验，给各建筑物进行详细命名。
第二次布置	发现的问题： 有了初步的规划意识，再次摆设后仍旧不合理，房子会存在遮挡，每个区域的大小如何设定？	解决方案： 用尺子量一量，画一画，建立空间意识，将每个区域按照高低合理摆放，以呈现良好的视觉效果为目标进行调整。
第三次布置	发现的问题： 区域规划好了，但是小镇特别的空荡，没有让人想要入住的念头。	解决方案： 开启儿童会议，回顾生活经验，制定新的布置计划，分成：工具组、材料组、装饰组、家具组、人物组、工程组，化身"技术流"，镂门窗，做场景，撬核桃，贴屋顶。
第四次布置	发现的问题： 深海饭店孤独地伫立在海的中央，无船过去，无路通行。	解决方案： 探寻材料，学习桥梁的架空技术。用雪糕棒拼在一起做桥面，用不同长短的木棒把桥架起来。

第五次布置	发现的问题： 路线单一，只有一条大马路，去了美食城就无法再去幼儿园，小镇太不方便了。	解决方案： 关注身边的环境，人与物，规划交通路线、汽车、绿化、共享单车，构建生活场景，突出小镇的生活气息。

图 7-4-15　紫荆小镇的五次更新迭代图

　　在幼儿不断地衍生问题，解决问题中，"紫荆小镇"经历了 5 次演变，终于竣工。

图 7-4-16　小镇 1.0

图 7-4-17　小镇 2.0

图 7-4-18　小镇 3.0

图 7-4-19　小镇 4.0

图 7-4-20　小镇 5.0

教师的思考

　　幼儿获得经验——在制作阶段幼儿成功将平面设计图变成立体的大型小镇，实现想象的过程促进了幼儿的问题解决能力，提升了精细动作发展水平，激发了幼儿学习的内驱力。

　　教师支持——在每一阶段结束后及时组织幼儿进行反思回顾，通过"追问式支架"陪伴幼儿优化紫荆小镇设计方案，并提供丰富的材料资源，以及不断的试错机会。

2. 如何布置扎染作品区?

　　和鸣班的幼儿也在吭哧吭哧的忙活中，他们自由结伴，形成了扎染作品的 6 个组别，每一组都制定了动工计划，小绣娘小绣郎们在解决了"把布缝合"的难题后，却吵起了架:

　　需恩:"你这样摆不行，把作品都堆在一起，等下会压坏的。"

　　小火箭:"作品都挡住了，别人看不到。"

　　哲哲:"为什么要动我摆的地方，都弄乱了，我很不开心。"

　　力洋:"我觉得那样子不是很好看才去动的，应该跟我一样摆。"

　　霏霏:"他自己觉得好看不行的，得大家都同意才行。"

　　原来，是因为布展问题产生了矛盾。

　　教师:"每一组都很用心完成作品，可是怎么布置大家都有自己的想法，一起想想解决方案吧!"

　　第一次大家作品都堆叠在了一起，像一座小山。于是幼儿得出经验:作品摆得整齐才好看。而且要正面对着参观的人;

　　第二次大家发现大的作品把小的作品挡住了，于是再次调整位置;

图 7-4-21　扎染世界第一次摆设

第三次师幼共同线上参观了其他扎染展，发现有很多地方需要专家的帮忙；

第四次幼儿带着梳理好的难题找到了美术老师，在周老师的协助下，扎染世界第五次开工了，这一次，大家学会了用大一点的作品摆出轮廓，再用小的饰品组成造型进行展区的点缀。有了技术支持，扎染世界的那抹蓝亮进了每个人的心里，孩子们的成就感此刻达到顶峰。

图 7-4-22　邀请专家进行协助

图 7-4-23　扎染世界第五次摆设

图 7-4-24　扎染世界成品图

教师的思考

　　幼儿获得经验——丰富了幼儿对于作品布置的经验，总结出陈列布展时需要考虑空间感、错落感、大小搭配、小展区等，幼儿在体验、操作、探索中，学会了欣赏美、创造美。

　　教师支持——为幼儿提供反思和评估机会，引导幼儿总结归纳学习经验，充分尊重幼儿自发的、个性化的表现与创造。

3. 如何呈现教职工画像墙?

　　在商量布展内容的时候，大班幼儿达成共识，一致决定要做一面教师画像墙，这面墙完成的速度非常快，教师和幼儿一起把它布置好后，大家纷纷过来找"自己"。可是，"我"到底在哪儿，教师找不到自己，孩子们也不知道，这个问题引起了教师的反思，在级组审议时大家产生了灵魂三连问：

教师 A："为什么紫荆的教职工找不到自己？"

教师 B："孩子们知道画的是谁吗？"

教师 C："他们了解每位老师的特征吗？"

意识到方向出现了偏差，教师把问题抛给了孩子。原来，大家只认识自己班的老师，幼儿园还有很多老师都不认识。原来，对着照片画出来的老师们长得都很像，分不清谁是谁。这一次，幼儿成立了采访小分队，把园里的 54 位教职工平均分配，有人负责采访，有人负责记录，也有的只是跟着倾听，每个人都有自己的角色。孩子们走近老师们、保安叔叔、厨师阿姨，了解他们，丰富他们在自己内心里的样子，都说镜头是有情感的，笔又何尝不是呢！

糖糖："我在画园长妈妈，你看她总是笑眯眯的，很温柔，她很美，裙子和耳环我要画她喜欢的。"

浩浩："我在画厨房阿姨，阿姨戴着 N95 口罩，穿着整洁干净的白色衣服，在给我们分饭菜呢！"

这一次，"返工"的教职工画像墙成为最受欢迎的打卡点。

图 7-4-25　教师肖像第一版

图 7-4-26　教师肖像第二版

教师的思考

幼儿获得经验——通过复盘细化了人物特征，从关注肖像表面到关注背后的情感，建立了幼儿与紫荆人之间的情感链接，回归办展初衷"表达不舍"。

教师支持——尊重幼儿的想法、倾听他们的声音、跟随他们的脚步，支架、挖掘、延展，找准角色定位。学会退后，做一名隐形的教师，但又会在必要时现身做一名适时给予帮助的教师，在展览过程中实现了角色"内化"。

五　成果展示阶段

1. 如何推广我们的艺术展呢？

7 个展区已经布置完毕，孩子们的成就感和分享欲简直爆棚，在回顾了整个设计、制作、调整的布展过程后，"如何推广我们的艺术展？"变成了在结项阶段的大事儿，于是，第三次级组联动的儿童会议再次开启，这次孩子们驾轻就熟，每个班级主动分享着自己对于展览推广的想法：

和雅班："我们班想邀请爸爸妈妈、弟弟妹妹都来看展。到时候我们可以介绍自画像。"

和心班："我们班想要把紫荆小镇变成一本故事书，这样可以发给外面的人看。"

和鸣班："我们也想邀请大家来看展，而且马上就要毕业典礼了，我们班想排练一个扎染时装走秀。"

和韵班："我们想用介绍书的方式和爸爸妈妈介绍陶泥作品。"

教师："大家的想法都非常一致，很想邀请弟弟妹妹、爸爸妈妈来看展，那么我们一起策划一个方案吧！"

幼儿对于展览策划的经验不足，在教师的提问引导下，最终确定了艺术展的发布会方案，由各班级上台展示展区作品，同时班级代表在旁进行作品介绍。开幕后，小、中班分批次前来参观，各班级选定自己的展区导览员，并向前来参观的人进行解说。

2. 导览员应该怎么做呢？

孩子们都想成为导览员，可是什么是导览员呢？各班级开启了一轮关于导览员的经验铺垫。原来，导览员就是大家在参展的时候作介绍的人。就像超市里有导购介绍产品，旅游的时候有导游讲解景点，成为导览员也要做到礼貌问好、清楚地介绍自己、精心设计解说词，适当与听众互动。此外，为了让大家听清楚声音，可以准备一个小蜜蜂扩音器。

3. 大班级组的高光时刻

经过投票后，各班级最终产生了开幕式的介绍员和导览员，5 月 31 日，我们的"定格·我的彩色童年"艺术展正式开幕。

图 7-4-27 艺术展开幕式 & 各班级导览员介绍展区

4. 各班级成果展示

艺术展开幕后，我们陆陆续续迎来了家长参展团、外来参展团，幼儿对于一名导览员的要求理解得更熟悉了，班级成员开始轮流担任导览员。展览的开幕放大了幼儿的成就感，各班级对于艺术展产品推广的热情越来越火热。

（1）和雅班——怎样将自画像的制作经验分享给他人？

和雅班决定借鉴原有项目小木屋的经验，拍摄自画像制作过程回顾视频，在经过多次讨论后，最终确定了拍摄计划，视频不仅有片头、有制作步骤、有成品，还有专门的介绍音频。

（2）和心班——如何把紫荆小镇制作成一本小书？

和心班把紫荆小镇各个区域画了下来，编成了小故事，做成了

图 7-4-28 《紫荆小镇一日游》电子书

一本电子小书，他们希望外面的人都可以用手机看到这本小书，并喜欢紫荆小镇。

（3）和鸣班——如何在毕业典礼上展示扎染时装秀？

和鸣班幼儿将制作扎染作品的经验迁移到了毕业典礼上，孩子们第一次给自己设计时装，和爸爸妈妈把设计变成时装穿在身上，第一次练习走台步……他们在经验为零的情况下，一路披荆斩棘，从模仿起步，到独立设计动作，最终在舞台上定格了属于自己的璀璨耀眼时刻。

（4）和韵班——如何做一本陶泥展区玩泥介绍书？

小朋友们都爱玩泥，和韵班制作了一本玩泥介绍书，全书围绕着捏泥手法、使用工具、造型技巧、捏泥感受展开，内容丰富。

图 7-4-29　玩泥介绍书

图 7-4-30　扎染时装秀

教师的思考

幼儿获得经验——在结项阶段级组幼儿通过共同策划一场发布会、共学如何做一个优秀的导览员，强化了幼儿的成功体验，从而进一步激发了幼儿的展示热情，由级组再衔接到各个班级的特色成果活动，迭代出了更好的产品形式。

教师支持——通过观察幼儿的兴趣，发现和支持幼儿进行经验迁移，帮助幼儿在原有基础上向上提升，收获了更多更有价值的学习内容。

六　小结

幼小衔接关键在于学科逻辑思维的建立，身份变化可能带来学习方式的转变，尤其在小学阶段，艺术展虽以"情感"为基点，看似感性，实则蕴含严谨的理性思维。从构思展览到顺利拉开帷幕，大班的幼儿收获了许多人的关注和支持。教师、家长、同伴，大家都在用各种方式提供协助，让这个小小的展览打破了教室的壁垒、级组的壁垒，成为许多人都知晓和关注的事情。幼儿在尽情、自信地表达之余，也收获了远超他们预期的欣赏、理解和赞扬。这不仅仅是一场"自娱自乐"的毕业活动，还是一场将思想、作品、艺术、情感分享给所有人的聚会，每一个人都可以在其中找到自己的收获和美好回忆。

同时，教师也对本项目进行了复盘和思考：

联动不够深入：在级组共同策展的过程中，联动方法较为单一，仅有儿童会议一种形式。

建模不容忽视：本次布展时紫荆小镇推进艰难，是由于幼儿缺乏前期的建模经验。

时间把控不佳：在项目布置阶段未有效把握时间，过程较长，致使布展可调整的时间较短。

艺术展不仅是一场联动的项目活动，更是一次郑重的"仪式"，孩子们用最好的作品、最温馨的回忆、最真诚的不舍、最团结的协作、最自信的姿态，向幼儿园做毕业告别。

（案例提供：珠海市香洲区紫荆幼儿园　林莉）

小班 STEAM 项目式学习案例：好玩的轮胎

案例提供：珠海市香洲区紫荆幼儿园　陈新曲　郑燕文

中班 STEAM 项目式学习案例：甜甜圈奇遇记

案例提供：珠海市香洲区紫荆幼儿园　佘诗涵　郭嘉雯

大班 STEAM 项目式学习案例：建造光明索道

案例提供：珠海市光明幼儿园　邓健卿　邵景辉

大班 STEAM 项目式学习案例：制作防雨防晒棚

案例提供：珠海市光明幼儿园　黄小容　黄美云

后记

合上这本《图解幼儿 STEAM 项目式学习》的最后一页，心中感慨万千。这不仅是一本书的完成，更是一场跨越五年的教育实践与理论探索的结晶。

本书的诞生，源于 2020 年珠海市光明幼儿园申报的广东省保教示范项目——"幼儿园 STEAM 项目式学习"。五年来，我们以项目为支点，撬动课程改革的深层次探索：从驱动性问题的挖掘到工程设计的迭代，从表征形式的创新到学习环境的创设，每一步都凝聚着团队的智慧与坚持。在这段旅程中，我们不断追问：如何让 STEAM 教育真正扎根于幼儿的生活？如何将跨学科思维转化为可操作的教学路径？这些问题，最终在理论与实践的交织中找到了答案——以儿童立场为原点，以真实问题为驱动，以设计思维为纽带，构建"探究—设计—展示"的闭环学习链路。

这一成果的落地，离不开多方力量的汇聚。衷心感谢雷有光博士、张俊教授与费广洪教授，作为项目的理论指导专家，他们始终以高屋建瓴的视角为我们厘清 STEAM 教育的底层逻辑。雷有光博士从教师观念的转变到课程框架的搭建，以精准的学术洞察力为项目指明方向；张俊教授"看得见儿童，找得到课程"的实践智慧，为案例设计注入灵魂；费广洪教授则通过适时的指导与反馈，确保研究始终紧扣学前教育核心。同时也感谢郑福明教授一直以来的指导，他用"生活即教育"的哲学思辨带领我们进一步夯实了项目的理论根基。

在实践层面，珠海市光明幼儿园与珠海市香洲区紫荆幼儿园的团队展现了令人敬佩的行动力。雷宇园长以身垂范，带领教师将理念转化为生动的教学实践；勾慧玥园长以开放包容的管理风格，为教研营造了自由创新的氛围；池秋蓉副园长则在环境与表征支持中贡献了诸多巧思。林莉、赵晴等老师精益求精地整理项目故事，黄旭丹老师甚至在孕期仍坚持完成编写任务，这些细节无不让人动容。

特别致谢珠海市博爱幼儿园谢春英园长及团队，为项目提供全方位的资源支持；谢少卿编辑以专业视角，从内容逻辑到图文编排全程指导。感谢刘玲、王庆、李舒雯、董力荣、徐海伦、任芷娴、刘佳玲、郭嘉雯、蒙思兰、蒋静、林晓君、童雪倩、梁秋兰、郑燕文、莫小娜、周少吟、程伟、宋秀兰、王思敏、吉鑫霖、马燕娜、赵敏欢、马雨羿、黄翔、马欢、罗琼等老师，他们为本书提供了宝贵的案例及图片素材。大家的倾力相助，为本书的成功提供了坚实保障。

本书的编写过程，本身便是一场项目式学习。从初稿的框架搭建到终稿的反复打磨，我们经历了无数次"发现问题—优化方案—迭代成果"的循环。第七章的案例篇尤为典型：小班的"轮胎乐园"如何从零散的探索升华为系统化课程？大班的"放线机器人"如何通过四次迭代实现技术突破？这些真实的项目记录，既是幼儿学习的轨迹，也是教师成长的见证。

本书的编写凝聚了团队的协作智慧：本人负责前言、后记及第二章的编写；雷有光负责第一章和第三章的编写；雷宇负责第四章的编写；池秋蓉负责第五章的编写；勾慧玥负责第六章的编写；雷有光带领林莉、黄旭丹、赵晴、黄海燕、邓健卿、沈慧欣、李超萍、陈新曲、佘诗涵等教师负责第七章的编写。全书的整体框架由本人和雷有光统筹指导，统稿工作由本人最终完成。

最后，谨以此书献给所有坚守在学前教育一线的同仁。

愿我们始终怀抱初心，以设计思维点亮儿童的创造力，以 STEAM 教育回应时代的呼唤。

唐雪梅
2025 年 5 月

图书在版编目（CIP）数据

图解幼儿 STEAM 项目式学习/唐雪梅,雷有光主编.
上海：复旦大学出版社,2025.7. -- ISBN 978-7-309
-18077-0

Ⅰ. G613.3
中国国家版本馆 CIP 数据核字第 2025VY7576 号

图解幼儿 STEAM 项目式学习
唐雪梅　雷有光　主编
责任编辑/谢少卿
装帧设计/卢晓红

复旦大学出版社有限公司出版发行
上海市国权路 579 号　邮编：200433
网址：fupnet@fudanpress.com　http://www.fudanpress.com
门市零售：86-21-65102580　团体订购：86-21-65104505
出版部电话：86-21-65642845
上海盛通时代印刷有限公司

开本 787 毫米×1092 毫米　1/16　印张 14.75　字数 287 千字
2025 年 7 月第 1 版
2025 年 7 月第 1 版第 1 次印刷

ISBN 978-7-309-18077-0/G·2711
定价：65.00 元

如有印装质量问题,请向复旦大学出版社有限公司出版部调换。
版权所有　　侵权必究